KB189771

몸 좀 쓰면
어때

몸 좀 쓰면 어때

이창현 열현남아
지음

스펙은 없어도 기회는 있습니다

포르체

몸 좀 쓰면 어때
남들이 가지 않는 길을 가라

나는 실패한 운동선수였다. 학창 시절 내내 공부가 아닌 운동만 했다. 대학에 갈 스펙도, 특별한 기술도 없었다. 그렇기에 20대 초반, 나는 늘 고민 속에 살았다. 어떤 길을 가야 할지, 어떻게 해야 나도 남들처럼 성공할 수 있을지 확신이 없었다. 세상은 좋은 대학에 가고, 안정적인 직장에 들어가는 것이 유일한 성공의 길이라고 말했지만, 그 틀 안에 나는 없었다.

스물네 살, 군대를 다녀온 뒤 차가운 현실과 마주했다. 남들처럼 정장을 입고 출근하고 싶었고, 좋은 회사에 다니고 싶었다. 하지만 나에게 그런 선택지는 없었다. 실패한 운동선수 출신, 학력도 스펙도 없는 내게 남은 건 몸을 쓰는 일이었다. 그렇게 시작한 첫 일이 방충망을 설치하는 일이었다.

무거운 걸 들어 옮기고, 드릴을 잡고, 손에 굳은살이 박이도록 일했다. 처음엔 그저 먹고살기 위해 시작했을 뿐이었다. 하지만 현장 기술직에 발을 들이며 나는 전혀 다른 세상과 마주하게 되었다. 마치 금광을 발견한 것만 같은 충격이었다. 나는 공부를 잘해야만, 좋은 대학을 나와야만 돈을 많이 벌 수 있다는 고정관념의 세상에서 살았다. 그러나 학력이나 스펙 따위와 상관없이, 손끝과 노력만으로 큰돈을 버는 사람들이 있었다. 이 세계에는 너무나도 다양한 직업과 비전이 있었다. 내가 지금까지 생각해 왔던 '노가다'의 이미지는 온데간데없었다.

"학교는 왜 이런 걸 가르쳐 주지 않았을까?"

"나는 왜 이 세계를 알지 못했을까?"

지금까지 내가 알던 세상은 너무나 작고 한정적이었다. 하지만 나는 반대로 세상에 감사했다. 지금이라도 이런 세상을 만나게 해 줘서 고맙다고. 물론 오해하지 말아야 한다. 이 직업을 택한다고 해서 모두가 큰돈을 버는 것은 아니다. 우리는 철저한 자본주의와 경쟁 사회 속에서 살아간다. 이 체계에서는 실력이 뛰어나고 열심히 하는 사람이 부를 가져

가는 것이 당연하다. 내가 정말 하고 싶은 말은, 이러한 직업으로도 큰돈을 벌 가능성이 있다는 사실이다.

시간이 지나면서 내 손으로 직접 무언가를 만들고, 내 몸으로 삶을 개척하는 일이 생각보다 나와 잘 맞는다는 걸 깨달았다. 그때부터였다. "아, 나도 할 수 있는 게 있구나." "나도 가치 있는 사람이구나." 그렇게 기술직의 길이 내 삶을 완전히 바꿔 놓았다.

사람들은 작업복을 입고 있는 모습을 보면 '노가다'라고만 생각한다. 하지만 내가 본 기술직의 세계는 그보다 훨씬 넓고 깊었다. 남들이 보지 못하는 가능성이 있었고, 누구나 노력하면 성장할 수 있는 기회의 땅이었다. 기술직은 단순한 육체노동이 아니다. 사람의 땀과 노력으로 작품을 만드는 일이다. 내가 맡은 현장에서 하나의 결과물이 완성될 때의 성취감은 그 무엇과도 비교할 수 없었다.

소위 3D 업종이라고 불리는, 남들이 기피하는 일을 내가 감당할 수 있다면, 그 속에서 엄청난 기회를 잡을 수 있다. 기술직은 나이, 학력, 배경과 상관없이 누구에게나 열려 있다.

나는 기술직을 통해 내 삶을 재정의했고, 유튜브를 통해 그 가치를 세상에 알리기 시작했다. 내 목표는 기술직의 매력을 더 많은 사람에게 전하고, 이 직업에 대한 편견을 깨는 것이다. 그리고 과거의 나처럼 갈 길을 몰라 방황하는 사람들에게 용기를 주고 싶다. 당장 스펙이 없고 공부를 못했다고 해서 인생이 끝난 것은 아니다. 남들이 가지 않은 길에 답이 있을 수도 있다.

물론 나보다 더 많은 돈을 버는 사업가나 전문가들은 많다. 하지만 그들처럼 충분히 만족스러운 삶을 영위할 수 있는 기술직의 가치를 제대로 이해하고, 실제로 사람들에게 영향을 줄 수 있는 여러 사례를 담은 책을 나는 본 적이 없다. 그래서 이 책을 쓴다.

"몸 좀 쓰면 어때?"

이 책에는 지금까지 세상이 알려 주지 않은 이야기들이 담겨 있다. 현장 기술직은 겉으로만 보면 단순히 육체노동일 뿐이다. 하지만 깊숙이 들여다보면, 이 생태계가 어떻게 구성되어 있는지, 왜 현장 기술직이 앞으로 미래가치가 높은지에 대해서 자세히 알 수 있게 될 것이다.

또한 이 책에는 내 20대의 고민과 선택, 그리고 그 선택이 만들어 준 삶의 방향성을 담았다. 당신이 지금 어떤 길을 가야 할지 고민하고 있다면, 이 책이 당신의 나침반이 되길 바란다. 기술직이라는 세계가 당신에게도 새로운 가능성과 도전을 열어 줄 수 있기를.

목차

1장

우리가 몰랐던
진짜 현장 기술직

현장 기술직,
그게 뭔데?

　유튜브에서 열현남아 채널을 시작한 뒤로 가장 많이 들은 말은 "와, 이런 직업으로 이렇게 돈을 많이 버는 줄 몰랐다."였다. 많은 사람이 현장 기술직에 대해 잘 모르기 때문에 이러한 반응을 얻는 것은 어쩌면 당연한 일이다.

　내가 소개하는 직업들은 모두 현장에서 몸을 쓰며 일한다. 세간에서는 이런 직업들을 보고 '노가다'라고 칭한다. 이 단어에는 분명 비하의 의미가 담겨 있다. 우리나라에서 현장 기술직은 아직 그 가치를 온전히 인정받지 못하고 있기 때문이다. 그러나 현장 기술직에 종사하는 사람들은 단순한 노동자가 아니라, 진정한 '기술'을 가진 전문가들이다.

물론 나도 어릴 적에 공사 현장에서 일하는 사람을 보며 단순히 노가다구나, 하고 생각했었다. 잘 모르던 때에 봤던 현장의 모습은 그저 허름한 옷을 입고 먼지 더미에서 일하며 단순 작업을 반복하는 것이었다. 하지만 현장 기술직은 단순히 몸을 쓰는 일이 아니다. 산업현장마다 필요한 기술이 다르고, 그 기술이 숙련될수록 몸값이 높아지는 전문적인 일이다. 내 생각은 철저한 오해였다. 현장에서 직접 부딪혀 본 후에야, 이들이 얼마나 섬세한 기술을 다루고 있는지 깨닫게 되었다.

우리가 살고 있는 집만 해도 그렇다. 집이라는 공간이 완성되기까지는 각 분야의 숙련된 기술자들이 필요하다. 단순히 벽돌을 쌓고 시멘트를 바르는 것이 집 만들기의 전부가 아니다. 집의 뼈대를 세우는 목수들의 정교한 작업 없이는 안정적인 구조물이 존재할 수 없다. 화장실 벽과 바닥의 타일이 열을 맞추어 정렬된 것도, 거실 바닥의 마루와 벽의 벽지, 천장에 달린 조명, 주방의 싱크대도 모두 기술자의 손길이 닿은 흔적이다. 그렇게 완성된 집은 각 분야의 전문가들이 각자의 기술과 지식을 녹여 협업한 결과물이다. 이처럼 현장 기술직은 우리 삶을 만드는 일, 즉 삶의 현장을 세우는 일을 하는 사람들이다. 결국, 우리가 편하게 살아가는 이 공간은 기술자들의 손끝에서 만들어진 것이다. 그렇게 보면 그들이 돈을 많이 버는 것은 당연하지 않은가?

기술직은 나이와 성별을 초월해 누구에게나 열려 있는 무한한 가능성의 세계이다. 믿음을 가지고 노력한다면, 안정적이고 풍요로운 삶을 누릴 수 있는 강력한 도구가 될 수 있다. 그러나 그 과정은 현실적으로 결코 쉽지 않다. 기술을 배우는 데에는 시간이 필요하고, 꾸준히 배우고 익히며 몸으로 부딪혀야 하는 인내와 노력이 뒤따른다. 기술을 익히는 초반에는 낮은 일당과 고된 노동이 힘들게 느껴질 수 있다. 때문에 많은 이가 도중에 포기하는 것도 현실이다. 그럼에도 불구하고, 이러한 어려움을 견뎌 내고 숙련된 기술자로 자리 잡은 사람들에게는 경제적 여유와 자기만족, 그리고 전문직으로서의 자부심이 보장된다.

이 이야기를 듣고 누군가는 의심할 수 있다. "그게 정말 가능할까? 나에게도 그런 기회가 있을까?"라고 말이다. 하지만 이 모든 것은 이미 누군가의 삶이기도 하다. 그를 얻기 위해 필요한 것은 기회를 만들고자 하는 굳은 결심이다. 따라서 현장 기술직은 자기 자신을 단련시키고 성장시키는 일이며, 이를 통해 생계 이상의 가치를 얻을 수 있을 것이라 자부한다.

억대 연봉 기술직,
뭘 해야 할지 모르겠다면

A분야 기술직: 높은 일당에 관심이 있다면

현장 기술직에 관심이 생겼지만 어떤 일을 해야 할지 고민하는 사람들이 있다면 다음 내용이 도움이 될 것이다. 현장 기술직은 종류가 매우 다양하고, 각 직업군마다 특징이 뚜렷하기 때문에 본인의 성향과 상황에 맞는 선택이 중요하다. 나는 기술직 중 인테리어 업종으로 크게 일당 및 직급 체계가 잡혀있는 'A분야', 홈 케어 관련으로 직급 체계가 비교적 느슨한 'B분야'로 나눠 설명한다.

A분야는 목수, 타일공, 도배공, 필름공, 페인트공처럼 일당 체계가 잡혀 있는 업종이다. 이들은 기술 숙련도에 따라 조공, 준기공, 기공의 단계로 나뉜다. 기술 수준과 경험, 즉, 얼마나 오랜 시간과 노력을 들여 기술을 쌓았느냐에 따라 현장에서의 위치와 대우가 결정된다.

가장 큰 장점은 역시 높은 일당이다. A분야에서는 기술력을 인정받으면 25~40만 원 정도의 일당을 보장받는다.

각 기술 업종별로 일당은 꽤 차이가 난다. 일당이 낮은 업종은 작업 강도가 덜하거나 기술 난도가 비교적 낮은 경우가 많다. 반면 일당이 높은 업종은 그만한 이유가 있다. 작업 과정에서 무거운 것을 자주 들거나, 위험 요소가 많거나, 기술 난도가 높아 숙련공이 되기까지 오랜 시간이 걸리는 경우가 해당된다. 즉, 일당의 고저는 각 업종이 요구하는 신체적, 정신적 노력과 기술적 숙련도의 차이를 반영한 결과이다.

높은 일당은 그저 육체적인 노동에 대한 대가가 아니라, 그들이 축적한 기술력과 경험, 그리고 현장에서 발휘하는 전문성에 대한 정당한 보상이다. 이러한 보상은 그들의 일을 단순히 '노가다'로 폄하할 수 없는 이유이기도 하다. 기술은 곧 가치이며, 이들이 받는 높은 일당은 그 가치를 반영한다.

일당 30만 원을 받는 기공을 기준으로 했을 때, 한 달 영업일 약 20일 동안에 일을 하면 600만 원 정도의 수익을 올릴 수 있다. 이 정도의 수익은 개인이 경제적 여유를 누릴 기반을 마련하는 데에 충분하다.

정년퇴직에 대한 걱정 없이 오랫동안 일할 수 있는 점도 큰 매력이다. 실제로 50~60대에도 현장에서 왕성한 활동을 벌이는 기술자들이 많다. 이들은 오랜 기간 쌓아 온 전문성으로 높은 수준의 대우를 받으며 자신의 가치를 입증한다. 나이가 들어도 꾸준히 일할 수 있는 구조는 평범한 직장에서 정년 이후의 불안을 느끼는 사람들에게 새로운 평생 직업의 선택지가 될 수 있다.

영업에 대한 부담이 적다는 것도 장점이다. 기술의 가치를 인정받는 구조 덕분에, 자신의 기술이 확실하다면 별도의 마케팅이나 영업 활동 없이도 지속적으로 일감을 확보할 수 있다. 기술력이 보장되면 높은 일당을 받으며 꾸준히 일을 이어갈 수 있고, 이는 사람과의 대면이 피로하거나 영업 활동에 관심이 없는 사람들에게 특히 매력적이다. 사람과의 소통이나 관계 중심 업무를 꺼리고 전문 기술에 집중해 일하는 것을 더 선호한다면 A분야 기술직이 적합한 선택이 될 것이다.

기술직은 일당을 받는 기술자로 멈추지 않는다. 욕심을 내 더 큰 기회와 가능성의 세상으로 뛰어들 수 있다. 바로 사업가로서의 도약이다. 기술직에서 경험을 쌓은 이들은 배운 기술을 기반으로 자신만의 사업을 시작할 수 있다. 기술자의 역할에 그치지 않고, 자신의 전문성을 바탕으로 한 사업체를 운영하며 더 큰 수익을 창출할 수 있게 되는 것이다.

스스로 영업해 오더를 확보하고 기술자로서 현장에서 직접 일한다면, 이전에 받던 일당의 개념을 벗어나 월급 이상의 수익을 창출할 수 있다. 한 달 1,000만 원 이상 소득을 올리는 것 또한 충분히 가능하다. 이것이 바로 기술직의 매력이다. 기술만으로도 높은 수익을 안정적으로 얻을 수 있지만, 더 큰 목표와 욕심이 있다면 기술을 바탕으로 사업을 확장해 새로운 기회를 창출할 수 있다.

기술직은 단순히 노동의 대가가 크다는 이점을 넘어, 자기 주도적으로 미래를 설계할 수 있는 잠재력을 가진 분야다. 이는 개인의 성장과 성취를 경험할 수 있는 무대를 가질 기회라고 할 수 있다. 최근 흐름을 살펴보면 각 직군에서 젊은 대표님들이 왕성하게 활동하고 있음을 알 수 있다. 그들은 일당을 받는 기술자로 만족하지 않는다. 20대부터 일찍 기술을 배워서 30대가 되면 팀의 리더가 된다. 이처럼 A분야 기술직은 안정적인 일당을 받는 기술자와 사업가로서의 두 가지 길이 있다고 보면 된다.

A분야 기술직의 단점은 숙련 기간이 길다는 것이다. 실제 작업 현장에서 몸으로 기술을 익히고 감각을 키워야 하기 때문이다. 조공-준기공-기공을 차례로 거치며 일당이 오르는 구조이고, 조공 단계의 낮은 일당이 생활비나 미래 비용을 해결하기에 부족하게 느껴질 수도 있다. 즉각적인 결과를 원하는 사람에게는 이런 과정이 좌절감으로 느껴질 수

있다. 몇 년간 수련하는 과정에서 현장 작업이 정신적, 신체적으로 스트레스를 줄 수 있다. 이 단계를 견디지 못하고 초반에 포기하는 경우도 적지 않다. 빠르게 돈을 벌고 싶다면 A분야 기술직은 적합하지 않다.

언급했던 장단점을 고려해, 본인에게 맞는 직군을 선택할 수 있을 것이다. 만약 영업 등 외적인 부분에 신경을 쓸 여력이 없다면 고난도 기술을 다루는 직군을 선택하는 것이 소득 면에서 좋다. 숙련자가 되었을 때 가장 높은 일당을 받는 직종을 선택해야, 기술력만으로도 안정적인 고소득을 보장받을 수 있기 때문이다. 이런 이유로 젊은 세대에서 높은 일당을 받는 목수나 타일 등에 관심을 갖는 경우가 많다. 기술에만 집중해 작업을 제대로 수행하기만 하면 충분히 인정받을 수 있다는 점 때문이다.

A분야 기술직

A분야의 기술직을 처음 시작하면 대부분 조공부터 시작한다. 이 단계는 배우는 과정으로, 일당이 평균 10~15만 원 정도이다. 현장 기술직치고는 낮은 일당이다. 기술직 숙련공이 되기

전, 첫 단계에서는 할 수 있는 일이 많지 않다. 보조를 맡으며 배우기 때문에 낮은 일당으로 시작하는 것이 보통이다. 당연히 경험이 쌓여 직급이 높아지면 일당 또한 2배 이상 올릴 수 있다. 평범한 일용직은 경력이 얼마든 늘 비슷한 일당을 받겠지만, 기술직은 다르다. 그러니 일용직과 일당이 다를 바가 없다고 처음부터 크게 실망할 필요는 없다.

기술이 어느 정도 익숙해지고 연차가 쌓이면 준기공으로 올라간다. 준기공은 평균 15~20만 원의 일당을 받는다. 조공 때와 비교하면 훨씬 여유로운 수익을 창출할 수 있으며, 이는 기술력이 조금 더 좋아졌음을 뜻한다. 이 단계까지 오면 대부분의 기술직 종사자들은 포기하지 않고 계속 도전한다. 기공으로 성장할 날이 가까워졌기 때문에 동기 부여가 강해진다.

능숙하게 기술을 다룰 줄 아는 전문가가 되면 기공이 된다. 기공은 평균 25~40만 원의 일당을 받게 된다. 피나는 노력으로 기술을 배우고 익히는 인고의 시간을 보낸 뒤에 이 단계에 오를 수 있다. 이 힘든 시간들을 버티고 숙련된 기술자가 되었을 때, 높은 일당을 보상으로 받을 수 있다.

목수(목공) 목수라고 하면 단순히 나무를 자르고 조립하는 일을 떠올릴 수도 있지만, 사실 목공은 인테리어의 핵심 요소이다. 인테리어 목수는 집안의 가벽을 세우거나 천장, 바닥 골조를 만드는 일을 한다. 기술이 뛰어난 목수는 정밀한 시공이 가능하다. 또한 디자인과 기능성을 모두 고려하는 감각도 필요하다.

타일 타일 기술자는 방수, 내구성, 디자인을 고려해야 하는 직업이다. 욕실, 주방, 베란다, 상업 공간 등의 벽과 바닥을 마감한다. 작업할 때는 정확한 줄 맞추기와 미세한 각도 조절이 필요하다. 타일 종류에 따라 시공 방식도 다르며 터프해 보이지만 섬세함을 필요로 하는 작업이다.

도배 도배사는 벽면 상태를 점검하고, 균일한 접착을 위해 풀을 조절하는 등 세심한 기술이 필요하다. 다양한 종류의 벽지를 고객이 원하는 분위기에 맞춰 작업해, 인테리어의 완성도를 높인다. 벽은 공간의 분위기를 결정하는 중요한 요소인 만큼 디자인 감각 또한 필요하다.

필름 인테리어 필름은 낡은 가구나 문, 벽면 등을 새것처럼 보이게 만드는 기술이다. 원목, 대리석, 메탈, 패브릭 등 다양한 질감의 필름이 있으며, 기존 자재를 철거하지 않고 리폼할 수 있어 비용 절감 효과가 크다. 필름 시공은 기포 없이 매끄럽게 부착하는 것이 핵심 기술이다.

페인트 페인트는 공간의 분위기를 바꾸는 가장 빠르고 효과적인 방법이다. 일반 벽면 도장뿐만 아니라 철재, 목재, 콘크리트 등 다양한 재질에 따라 도장 기술이 달라진다. 바탕 작업을 얼마나 꼼꼼하게 하느냐에 따라 결과물이 크게 달라지며, 요즘은 친환경 페인트나 특수 도료를 활용한 고급 시공도 늘고 있다.

마루 마루 시공은 바닥을 단단하고 아름답게 만드는 작업이다. 원목 마루, 강화 마루, 장판 등 다양한 자재를 활용할 수 있으며, 내구성과 보행감을 고려해 시공해야 한다. 마루는 시공 후 변형이 없도록 정밀한 시공이 중요하며, 바닥 난방과의 호환성도 고려해야 한다.

샷시(새시, 창호) 샷시는 단열과 방음 성능을 높이고, 공간을 더욱 쾌적하게 만드는 작업이다. PVC, 알루미늄, 시스템 창 등 다양한 종류가 있으며, 창문과 문틀의 정확한 치수를 측정하고 단단하게 고정하는 것이 핵심이다. 창문 교체만으로도 난방비 절감 효과를 볼 수 있어 수요가 꾸준하다.

전기 전기 기술자는 조명, 콘센트, 배전반, 누전 차단기 등의 설치와 유지·보수를 담당하는 전문가다. 주택, 상가, 공장, 오피스 건물, 대형 시설 등 전기가 공급되는 모든 곳에서 필수이다. 안전하고 효율적인 전력 공급을 위해서는 정확한 설계와 시공이 필수다. 감전이나 화재와 같은 위험 요소를 예방하기 위해 정밀한 배선 작업과 철저한 안전 관리가 요구된다.

설비 설비 기술자는 건물의 급·배수 시스템을 담당한다. 물이 원활하게 공급되고, 하수 배관이 막히지 않도록 시공하는 것이 핵심이다. 누수 점검, 보일러 설치, 배관 교체 등 다양한 작업이 있으며, 실수하면 큰 피해로 이어질 수 있어 오랜 경험과 철저한 기술이 요구된다.

철거 철거는 기존 건물의 내부 구조물을 안전하게 해체하는 과정이다. 단순한 해체가 아니라, 전기 배선, 배관, 건축 구조까지 고려해야 하는 전문적인 작업이다. 철거 후 폐기물을 깔끔하게 정리하고, 후속 공사가 원활하도록 바탕 작업을 해 주는 것이 중요하다.

실리콘 실리콘 시공은 타일과 벽, 창문, 문틀의 틈을 메워 방수와 미관을 동시에 잡는 기술이다. 실리콘은 단순히 틈을 메우는 역할뿐만 아니라, 건축 구조물의 내구성을 높이고, 외부 환경으로부터 보호하는 기능을 한다. 정확한 손놀림과 깔끔한 마감이 요구되며, 숙련도가 높을수록 좋은 퀄리티의 결과물을 만들 수 있다.

B분야 기술직: 영업에 자신 있다면

B분야 기술직에는 청소, 에어컨 청소, 줄눈 시공, 탄성 코트, 방충망 설치, 집수리 등 다양한 홈 케어 관련 업종이 있다. 이러한 직군은 기술 습득 기간이 상대적으로 짧고, A분야 같은 직급 체계가 없는 경우가 많다. 기술을 빠르게 습득할 수 있어 비교적 단기간에 독립해 활동하거나 소규모 조직을 만들어 운영하기 용이하다. 특히, 영업력에 자신이 있는 사람이라면 이러한 분야에서 창업하여 빠르게 성공적인 결과를 얻을 가능성이 높다. 냉정히 말해 B분야 기술직에서는 기술적인 능력만큼이나 영업적인 능력이 더 큰 성공 요인으로 작용한다. 나는 이를 영업 기술직이라 부른다.

홈 케어 업종은 고객과의 직접적인 소통과 서비스 제공이 중요한 만큼, 개인의 영업력과 마케팅 능력이 필수적이며 이에 따라 빠르게 소득을 올릴 수 있다. 특히, 고객의 니즈에 부합하는 서비스 제공과 전문성을 갖춘다면 짧은 시간 내에 안정적인 소득 구조를 만들 수 있을 뿐 아니라, 장기적으로 더 큰 성공을 기대할 수 있는 분야다. 1인 프리랜서로 시작해 경험을 쌓은 뒤, 사업 규모를 점차 확장하는 것도 가능하다.

특히 젊은 층은 서비스와 영업 부분에 힘을 쓰는 경우가 많기 때문에 B분야 기술직에 진입해 빠르게 성과를 내는 사람들이 많다. 과거 서비스업 경험이 있거나 사람들과 소통하는 데 강점이 있다면 B분야 기술직에서도 큰 성과를 낼 가능성이 매우 높다.

B분야에서 성공하기 위해서는 블로그, 유튜브, 기타 SNS 등 온라인 플랫폼을 통한 홍보 또한 필수적이다. 고객과의 접점을 늘리고 온라인 홍보에 적극적으로 나서야 한다. 이런 활동에 자신이 있거나 말솜씨가 있고, 마케팅 감각이 있는 사람이라면 B분야에 도전할 만하다.

목수와 같은 A분야 기술직의 경우, 작업 초반부터 고소득을 올리는 것이 어렵지만 청소와 같은 B분야에서는 이러한 개인의 역량에 따라 단기간 내 고소득이 충분히 가능하다.

다만, 이 말은 영업력 부족이 곧 실패로 이어질 수 있다는 뜻이 되기도 한다. 내가 기술력을 가졌다고 해서 일이 주기적으로 들어오지는 않는다는 뜻이다. 단순히 기술을 익히는 것을 넘어, 고객을 끌어들이고 신뢰를 쌓아야 하는 책임이 동반된다는 의미이다. 기술만으로는 세상에서 가치를 인정받기 어렵고, 영업 능력이 반드시 필요하다는 점이 A분야와의 가장 큰 차이이자 B분야의 단점이다. 어찌 보면 살아남기 위해 더 다양한 노력을 들여야 하는 부분이 B분야이기도 하다.

또 다른 단점은 진입 장벽이 낮은 만큼 경쟁이 심화된다는 점이다. 단기간에 기술을 습득해 창업할 수 있다는 장점과 상반되는데, 이로 인해 시장의 경쟁이 치열하다. 차별화되지 않은 기술이나 영업은 시장에서 도태될 위험이 크다. 게다가 최근 B분야 기술직으로 유입되는 젊은 인구가 늘어나며 이런 상황은 더 심각해지고 있다.

홈 케어 관련 업종은 비교적 진입 장벽이 낮고 빠르게 결과를 낼 수 있는 장점을 가지고 있다. 창의적인 접근과 지속적인 노력을 통해, 개인의 능력과 열정에 따라 성과를 크게 확대할 수 있는 가능성이 열려 있는 분야라 할 수 있다. 다만 영업 능력이 반드시 동반되어야 하며, 치열한 시장에서 살아남기 위해 다방면으로 힘써야 하는 분야이기도 하다.

청소 청소업은 주거 및 상업 공간을 전문적으로 관리하는 서비스로, 일반 가정집부터 대형 건물까지 다양한 환경을 다룬다. 입주 청소, 상업 시설 청소, 정기 청소, 특수 청소 등이다. 숙련된 기술과 효율적인 도구 사용이 중요하며, 깔끔한 마감과 빠른 작업 속도가 경쟁력이 된다.

에어컨 청소 에어컨 내부에는 먼지, 곰팡이, 세균이 쌓이기 쉬워 주기적인 청소가 필수적이다. 실내 공기 질을 개선하고 에어컨의 성능을 유지하기 위해, 필터 청소부터 열 교환기 분해 세척까지 진행한다. 전문적인 세척 장비와 친환경 세정제를 사용하며, 정확한 분해·조립 기술이 요구되는 정밀 작업이다.

줄눈 시공 줄눈 시공은 타일 사이의 틈새를 메워 내구성을 높이고 오염을 방지하는 작업이다. 올바른 재료 선택과 시공법에 따라 곰팡이 예방, 방수 효과, 미적 완성도가 달라진다. 특히 욕실, 주방 등 물기가 많은 공간에는 줄눈 보강이 필수적이며, 유지 보수 비용을 절감하는 효과도 있다.

탄성 코트 탄성 코트는 외벽 및 건물 표면에 방수·균열 방지 효과를 제공하는 마감 기술이다. 도장과 실리콘의 장점을 결합한 형태로, 균열이 발생해도 늘어나면서 내구성을 유지하는 특징이 있다. 시공이 간단하고 유지 보수가 용이해 노후 건물 보수나 신축 건물 보호에 효과적이다.

방충망 설치 방충망 설치는 모기 등 벌레의 유입을 차단하고, 실내 공기 순환을 돕는 작업이다. 사용 환경에 따른 방충망(미세먼지 차단형, 자동 롤형 등) 선택이 중요하다. 정확한 치수 측정과 튼튼한 고정이 필수적이며, 올바른 시공으로 오랫동안 안정적으로 사용할 수 있다.

집수리 집수리는 노후된 주택이나 아파트의 각종 시설을 보수·보강하는 작업으로, 수리 범위가 넓고 다양하다. 도어 수리, 벽 보수, 배관 교체 등 기본적인 유지 보수부터 리모델링까지 포함된다. 기본적인 공구 사용법과 자재 이해가 중요하며, 작업 숙련도에 따라 결과물의 품질이 크게 달라진다.

선택은 본인의 몫

A분야와 B분야 중 무엇이 더 낫다고 단정 지을 수는 없다. 두 분야는 각기 다른 장단점을 갖고 있기 때문이다. 이보다 중요한 것은 본인의 성향과 목표에 맞게 선택하는 것이다. 한 번 선택한 직업을 바꾸는 것은 생각보다 어렵기 때문에 자신이 어떤 환경에서 더 잘 적응하고 발전할 수 있을지 냉정하게 판단하는 것이 중요하다.

하지만 너무 깊은 고민은 내가 빠르게 성장하는 길을 방해한다고 말해 주고 싶다. 신중해야 하지만, 고민만 하다가는 선택할 타이밍을 놓칠 수도 있다. A분야든 B분야든 현재 안정적으로 자리잡은 사람들은 앞서 설명한 장단점들을 자세히 알지 못한 채 시작한 경우가 훨씬 많다. 우연히 배우게 된 하나의 기술로 성과를 내게 된 것이다. 그렇기에 지나친 고민보다 빠른 판단과 결단이 중요하다. 무엇보다, 결정을 내린 후 선택한 분야에서 최선을 다해야 한다. "잘할 사람은 어디에서든 잘한다."는 진리가 있다. 목수로 성공한 사람은 청소업에서도 성공할 가능성이 크다. 청소업에서 성공을 거둔 사람은 목수를 했어도 잘했을 가능성이 크다. 중요한 것은 일에 대한 태도와 열정, 노력이다.

본인의 가슴을 뜨겁게 만드는 기술이 눈에 들어올 것이

다. 되도록 심장을 뛰게 하는 직업을 선택했으면 좋겠다. 기술은 나의 손에 달렸고, 성공은 나의 마음에 달렸다. 나의 선택과 가능성을 믿고 한 걸음씩 나아가자. 길이 험하고 오랜 시간이 걸릴지라도, 그 끝에서 우리는 자신만의 기술과 가치를 세상에 증명하며 당당히 설 수 있을 것이다.

폐업률 0%,
월세 걱정 없는 기술직

요즘 뉴스에서 자영업자들의 폐업 소식을 쉽게 접할 수 있다. 사업을 하다 빚더미에 앉는 일은 부지기수다. 하지만 반대로 목수, 타일, 페인트, 도배, 청소업을 하는 사람이 "폐업했다." "망했다."라고 하는 경우를 본 적이 있는가? 거의 없을 것이다. 이는 기술직의 구조적 특성과 고정 비용이 적은 운영 방식 때문이라고 볼 수 있다. 여기서는 일반 자영업과 현장 기술직의 사업적 특성을 비교해 보겠다.

자영업의 현실

지금 대한민국에서 자영업은 매일매일 개업과 폐업이 반복되는 치열한 전쟁터이다. 특히 최근 몇 년간의 통계를 살펴보면 자영업자 폐업률이 꾸준히 증가하고 있음을 알 수 있다. 수십만 명의 자영업자들이 폐업의 쓴맛을 보며 경제적으로 어려움에 직면하고 있다. 자영업의 길은 어렵고 긴장감이 지속된다. "회사에 있었을 때가 천국이었다."라는 말이 나올 정도로, 자영업자의 현실은 녹록지 않다.

대부분의 자영업은 높은 초기 투자 비용과 고정 비용이 발생한다. 여기에는 수천만 원에서 수억 원대의 비용이 든다. 사업 시작에 목돈을 들이는 것은 부담되지만, 돈을 벌기 위해서는 투자가 필수이다. 물론 투자를 해서 사업이 잘된다면 다행이지만, 본인 인건비조차 벌지 못하는 자영업자가 많다. 결국 적자를 보고 감당하지 못해 폐업하는 경우는 앞서 살펴보았듯 적지 않다.

무엇보다 자영업에서 가장 크게 부담으로 다가오는 것은 매달 지출되는 고정 비용이다. 고정 비용은 자영업의 성패를 가르는 중요 요소 중 하나로, 이를 감당하지 못하면 사업 지속이 어렵다. 그중 월세는 자영업을 운영하는 데 있어 피할 수 없는 고정 비용이다. 특히 음식점, 카페, 미용실 등 고객을 직접 맞는 업종은 좋은 입지와 유동 인구가 많은 상권을 선점해야 장사가 잘될 가능성이 높다. 하지만 이러한 위치를 확보하려면 높은 임대료를 지출해야 한다.

인건비 또한 고정 비용의 큰 부분을 차지한다. 자영업자는 손님이 많을 상황을 대비해 적절한 인력 배치를 해야 한다. 직원을 고용하면 인건비는 매출에 상관없이 고정적으로 발생한다. 손님이 많지 않은 날에도 고용한 직원들의 급여는 지불해야 한다. 이는 월세와 마찬가지로, 매출이 예상보다 적을 경우 자영업자의 부담을 가중시킨다. 특히 매출이 급격히 감소하는 비수기나 경제 침체기에는 이러한 고정 비용은 사업의 큰 걸림돌로 작용한다.

영업이 잘되지 않아서 폐업하게 되면 그렇게 허무할 수가 없다. 내가 열심히 벌어서 힘들게 모은 돈으로 가게를 차리고 정말 열심히 일했지만, 결국 남은 것이 마이너스뿐이라면 인생이 무너지는 상실감을 느낄 것이다. 잘되는 가게들은 극소수에 불과하다. 대부분의 자영업자들이 장사를 힘들어 하며, 폐업을 고민하거나 겪는 중이다.

나는 현장 기술직에 입문하고서부터, 식당과 같은 자영업의 개업과 폐업이 반복될 때 그걸 철거하고 공사하는 기술자들에게 항상 눈이 갔다. "저렇게 식당은 망해도 또 도전하는 사람들은 계속 있을 테고, 정작 돈은 기술자들이 다 버는 구나." 라고 말이다.

리스크가 적은 현장 기술직

그렇다면 현장 기술직의 상황은 어떨까? 현장 기술직과 일반 자영업은 사업 운영 방식에서 근본적으로 차이가 있다. 기술직은 가게를 운영하며 손님을 기다리는 방식이 아니라, 직접 고객을 찾아가서 서비스를 제공하는 형태로 진행된다. 사무실이 필수 요소가 아니다. 이 부분이 현장 기술직의 가장 큰 메리트다. 고정비를 최대한 줄이는 것은 생존 확률을 높이는 가장 빠른 길이라고 볼 수 있다. 이러한 부분들은 수익 구조에 큰 영향을 미치며, 기술직이 가진 경제적 장점의 핵심 요소로 작용한다.

물론 현장 기술직도 건설 불경기 등 이슈가 발생하면 어려움을 겪을 수 있다. 그러나 고정 비용이 상대적으로 낮다 보니 여전히 리스크는 적다. 만약 사무실이 필요하다고 해도, 식당처럼 목이 좋아 월세가 비싼 곳에 구할 필요가 없다. 월세 부담이 적은 곳에 합리적으로 사무실을 차려도 문제가 없다.

기술직은 사업이 잘되지 않더라도 큰 손실을 감수하지

않아도 되는 장점이 있다. 투자 비용이 적기 때문이다. 예를 들어, 몇천만 원에서 몇억을 투자해 자영업을 시작한 경우 실패하면 투자금 손실뿐만 아니라 심각한 재정적, 정신적 부담이 동반된다. 반면 기술직은 처음 기술을 배우고 장비를 구입할 때 드는 비용 정도만 필요하고, 만약 실패하더라도 손실 규모가 비교적 적다. 재기를 위한 부담도 훨씬 적다. 이는 폐업시 기술직이 자영업과 비교했을 때 갖는 장점이다.

인건비 면에서 보았을 때도 이점이 있다. 기술직은 일이 없는 날에 다 같이 쉰다. 일을 하는 날만 일당을 지급하면 된다. 손님 유무와 상관없이 인건비가 소모되는 자영업과 비교되는 지점이다. 이런 일당 시스템은 어떻게 보면 불안전하게 보일 수도 있지만, 요즘같이 경제적으로 힘든 시기에는 일당이 보장되어 당일에 지급되는 시스템이 더욱더 안정성이 높은 게 아닐까 싶다.

이처럼 기술직은 실패 부담과 고정 비용 부담이 거의 없기 때문에, 일감이 줄어든 시기에도 최소한의 비용으로 버티며 기회를 다시 엿볼 수 있다.

사실 기술직을 해도 누구나 다 성공할 수 없다. 잘 안 되는 사람들도 있다. 하지만 내가 이야기하고 싶은 건 적어도 크게 망하지는 않는다는 거다. 크고 작은 성공과 실패를 반복하는 것이 우리의 인생이다. 실패를 발판 삼아 일어설 수 있다면 좋겠지만, 너무 큰 실패는 일어날 힘을 낼 수조차 없게 할 수도 있다. 때문에 나는 실패를 덜 하는 길, 실패하더라도 작게 실패하고 다시 일어날 수 있는 현장 기술직에 몸을 담았다. 폐업 걱정이 없고 고정 비용 걱정이 적은, 기술만으로 수익을 창출할 수 있는 최선의 선택지가 현장 기술직이라고 생각한다.

나는 20대 때 운이 좋게 현장 기술직에 입문하게 되어, 큰 리스크 없이 나름 탄탄하게 수익을 올려 왔다. 반면 그당시에 식당을 하거나 가게를 얻어 사업을 하는 주변 지인들을 볼 때면, 늘 불안하고 초조해 보였다. 손님이 많이 오나 적게 오나 늘 인건비는 나가고, 그들의 걱정 근심은 이만저만이 아니었다. 숨만 쉬어도 돈이 나간다는 게 얼마나 무서운 것인가?

그에 비해서 나는 일감이 조금 없어도 그렇게 불안하지 않았다. 고정 지출이 적기 때문에 "다음 달에 일 많이 하면 되지 뭐." 라는 희망적인 생각을 가질 수 있었다. 비싼 임대료를 내는 가게가 없었기에, 이보다 더 마음이 편할 수가 없었다. 나는 상대적으로 코로나 기간에도 안정적으로 돈을 잘 벌었다. 남들이 가장 힘들어 하던 시기에도 큰 타격 없이 넘어갈 수 있었다. 이 또한 고정 지출을 최소화할 수 있는 구조 덕분이었다. 낮은 고정 비용은 힘든 시기를 잘 버텨 낼 수 있는 길이다. 나뿐만이 아니라, 코로나 동안 수요가 높아진 인테리어 분야 현장 기술자들은 일감을 더 얻기도 했다.

그렇다고 기술직이 자영업자보다 무조건적으로 좋다는 것은 아니다. 내가 비싼 임대료를 내는 상황이 없는 만큼 매번 다른 현장으로 이동해야 하고 출장을 가야 한다는 어려움도 있다. 운전을 좋아하지 않고 멀리 이동하는 걸 좋아하지 않는 사람에게는 맞지 않는 직업이다. 각자의 장단점과 본인이 잘 맞는 분야가 있을 것이다. 제일 중요한 건 본인이 잘할 수 있는 분야를 찾아서 열심히 헤쳐 나가는 것이다.

결론적으로, 현장 기술직은 단순히 고소득의 가능성을 제공하는 것뿐 아니라, 위험을 감내할 만한 안정성과 회복력을 함께 갖춘 직업군이다. 큰 자본 없이도 시작할 수 있고, 재정적 부담이 적고, 고정 비용이 적으며, 실패 후에도 빠르게 재기할 수 있는 가능성은 현대 사회에서 기술직이 가지는 큰 경쟁력이다. 나는 이러한 이유로 기술직이 현대 사회에서 매우 현실적이고 매력적인 선택지라고 확신한다.

기술직은
레드오션일까?

"기술직도 레드오션입니다." "이미 경쟁자도 많고 새로 시작하는 사람은 설 자리가 없습니다." 열현남아 유튜브 영상에 가끔 달리는 댓글들이다. 이런 댓글들을 보고 기술직에 입문하려는 분들은 걱정하게 된다. "내가 기술직에 뛰어들었는데 일거리가 없으면 어떡하지?" "과연 기술직으로 계속해서 먹고살 수 있을까?"

더 이상 블루오션은 없다

결론부터 말하자면, 이미 우리 사회에 블루오션은 거의 없다. 어떤 업종이든 경쟁은 피할 수 없고, 돈이 되는 분야라면 너도나도 몰려든다. 탕후루 열풍, 스마트스토어 열풍처럼 잠시 반짝했던 기회들조차 금세 레드오션이 되어 버렸다. 그뿐만 아니라 지금 경쟁하지 않는 시장은 단 한 군데도 없다. 좋은 직장에 취업하기 위해서는 수많은 지원자와 치열한 경쟁을 거쳐야 하고, 자영업이나 창업 역시 과열된 시장 속에서 살아남기 위해 끝없는 노력을 요구받는다. 이는 어느 분야를 선택하든 경쟁이 필수라는 것을 보여 준다. 현장 기술직도 예외가 아니다.

경쟁자 수보다 중요한 건 경쟁 상대

하지만 여기서 우리가 본질적으로 깊이 생각해야 할 것이 있다. "경쟁자가 얼마나 많은가?"가 아니라 "내 경쟁 상대가 누구인가?"이다. 대부분의 사람들은 경쟁의 규모, 즉 경쟁자의 수에 주목한다. "얼마나 많은 사람이 이 분야에 뛰어 들었는가?"라는 질문에만 집중하며 평가한다. 하지만 진정으로 중요한 것은 경쟁자의 숫자가 아니라 내가 상대해야 할 경쟁자의 수준과 특성이다. 내가 가진 강점과 경험이 경쟁 상대와 비교해 어떻게 돋보일 수 있는지 파악하는 것이 더 중요하다.

창업을 고민할 때 가장 먼저 고려해야 할 점은 해당 업종에 대기업이나 대형 프랜차이즈와 같은 강력한 경쟁자가 있는지 여부다. 소비자의 입장에서 시장을 바라보면, 이런 경쟁 구조를 쉽게 이해할 수 있다.

대한민국에서 창업을 많이 하는 업종인 카페를 예시로 들어 보겠다. 카페는 폐업률이 높은 업종으로 꼽힌다. 이는 수많은 개인 카페가 치열한 경쟁에서 살아남지 못하고 있다는 사실을 보여 준다. 그 이유는 간단하다. 소비자는 개인 카페보다는 스타벅스, 메가커피, 빽다방 등 대형 프랜차이즈 카페를 선호한다. 카페뿐만 아니라 치킨집을 차려도 마찬가지이다. 교촌, BBQ, BHC 등 탄탄한 수요층이 있는 대형 프랜차이즈 치킨집이 동네마다 즐비하다. 그렇다 보니 개인 브랜드로는 경쟁 자체가 되지 않는다. 수억 원을 들여 프랜차이즈를 할 수밖에 없는 구조인 것이다. 뿐만 아니라 웬만한 요식업종은 큰 기업들이 점령하고 있는 경우가 많다. 그렇기에 자본력, 시스템, 홍보 등 여러 가지 이유로 개인이 하는 업체와의 격차가 매우 클 수밖에 없다. 애초부터 개인으로 운영하는 자영업자는 큰 기업들과 경쟁을 해서는 살아 남기 힘든 구조이다.

현장 기술직은 시스템이 만들어지지 않는다

현장 기술직 시장 또한 경쟁이 심화되며 레드오션이 되었지만, 구조적으로 대형 기업이 자리 잡기 어려운 특성을 가지고 있다. 기술직은 시스템화가 어려운 특수성을 가지고 있기 때문이다. 기술직은 각각의 현장, 고객의 요구 사항, 시공 환경이 모두 다르다. 동일한 환경에서 동일한 작업을 반복하는 업종과는 달리, 기술직은 매번 새로운 상황에 맞는 해결책을 찾아야 하는 특수한 시공업이다.

기술직은 작업자의 숙련도와 경험이 서비스 품질을 결정 짓는다. 이는 기계나 시스템으로 대체할 수 없는 영역이다. 예를 들어, 목수의 작업이나 도배사의 마감 처리는 각각의 작업자가 가진 기술적 디테일에 좌우된다. 작업을 진행해야 하는데 하자에 직면한다면? 이는 곧 숙련된 기술자가 아니면 해결하기 어려운 전문성을 요구한다는 뜻이다. 기술직은 작업의 모든 공정을 책임지는 기술자 개인의 역량에 크게 의존한다. 동일한 공정이라 하더라도 현장 조건에 따라 작업 방식이 달라질 수밖에 없는 구조다. 오로지 한 작업 현장에서 기술자가 모든 공정을 책임져야 하는 특수한 상품이다. 시스템이 만들어져서 움직이는 게 아니고 변수에 대응할 수 있는 사람 손을 타야 되는 일인 만큼 복제가 어렵다.

요식업은 동일한 메뉴와 조리 과정을 표준화해 전국 각지에서 동일한 품질로 음식을 판매할 수 있다. 이를 통해 대형 프랜차이즈는 규모를 키우고 시장을 장악할 수 있다. 이와 비슷하게 의류 제조업에서도 한 번 잘 팔리는 제품이 나오면 그 디자인과 품질을 유지하며 대량 생산이 가능하다. 이를 통해 단시간 내에 전국적 혹은 글로벌 시장으로 확장할 수 있다. 이러한 대량 생산 및 유통 가능성은 제조업과 유통업에서 큰 기업이 등장하는 주요 이유 중 하나이다.

요식업이나 소매업처럼 일정한 메뉴나 상품을 제공하는
것이 아니라, 기술직은 고객의 다양한 요구를 맞추기 위해
작업 방식과 결과물이 항상 달라진다. 이는 표준화된 시스
템을 구축하기 어렵게 만든다. 기술직은 대부분 현장에서
이루어진다. 작업 환경과 조건이 다르기 때문에 이를 중앙
집중화하거나 효율적인 대규모 생산 체계로 전환하기 어렵
다. 그렇기 때문에 현장 기술직은 큰 기업과 경쟁을 하는 구
조가 아닌 개인과 개인이 경쟁하는 시장이다. 쉽게 생각하
면 옆 동네에 있는 나와 같은 일반 개인 소상공인만 이기면
된다고 생각하면 된다. 해 볼 만하지 않은가?

현장 기술직에는 대형 브랜드가 없다

이게 무슨 말일까? 기술직 시장의 독특한 점은 대형 브랜
드가 부재한다는 점이다. 이를 이해하기 위해 소비자의 입
장에서 생각해 보자. 우리가 집에서 셀프 인테리어를 위해
목수, 타일, 도배, 페인트, 철거 등의 기술직 서비스를 알아
보려 한다면, 머릿속에 떠오르는 대형 브랜드가 있는가? 대
한민국 사람 모두가 아는 브랜드가 없다. 왜 그럴까? 시공
이라는 분야는 사람의 손으로 이루어지는 것이기 때문에 시
스템을 만들기가 쉽지 않고, 이 지점 때문에 거대 독점 기업

이 나오기가 어렵기 때문이다.

기술직은 다른 업종에 비해서 빈부격차가 적다. 독식을 할 수 없는 구조라는 말이다. 물론, 인테리어 시장의 거대화에 따라서 대기업들이 진출하려고 하나, 업의 특성상 시스템을 쉽게 만들 수가 없어 큰 기업들이 뛰어들기가 쉽지 않기 때문이다.

기술직 시장은 다른 업종과 비교했을 때 독특한 구조를 가지고 있다. 유명한 인테리어 업체나 공사 업체들의 경우, 이미 몇 달 치 예약이 마감되어 있을 정도로 높은 수요를 자랑한다.

기술직은 무한정 복제가 불가능한 특성을 가지고 있다. 한 기술자가 처리할 수 있는 작업량에는 한계가 있기 때문에 1등 업체뿐만 아니라 2등, 3등, 심지어 더 많은 기술자들에게도 기회가 돌아간다. 이는 기술직 시장에서의 독점이 어렵다는 것을 뜻한다. 내가 생각하는 현장 기술직은 사업의 규모, 즉 시장의 파이는 크지만 대기업이 없는 아주 특이한 업종이라고 생각이 든다.

이러한 점을 고려했을 때, 정말 개인이 창업을 해서 살아남고자 한다면 기술을 배우는 것이 현실적으로 생존 가능성이 높지 않을까 생각한다.

물론 반대로 생각한다면 그만큼 한계가 있다. 기술직은 대규모 시스템을 구축하기 어렵기 때문에 몇백억대의 매출을 올리는 유명한 국민 브랜드를 만들기는 쉽지 않다. 따라서 만약 엄청난 규모의 기업을 만들고자 한다면, 다른 업종이 더 적합할 수 있다. 하지만 대부분의 사람들이 추구하는 것은 그보다는 안정된 고소득과 정년 걱정 없는 삶일 것이다. 이 점에서 기술직은 최고의 선택지가 될 수 있다.

"기술을 배우면 밥은 굶지 않는다."라는 말이 있다. 이 문장을 깊이 해석해 보면 기술직의 본질적인 가치를 이해할 수 있다. 기술직은 특별한 자본이나 거대 시스템 없이도 개인의 노력과 기술력으로 안정적인 생계를 꾸릴 수 있는 길을 열어 준다.

물론 기술직도 경쟁이 치열하다. 현재 레드오션이 아닌 시장은 거의 없다. 기술직 또한 살아남기 위해 피땀 흘리는 노력이 필요하다. 하지만 기술직이 가진 구조적 장점을 면밀히 살펴본다면, 이 분야가 여전히 매력적인 선택지가 될 수 있음을 알게 된다.

열심히 일한 만큼 버는
현장 기술직

직장인 평균을 기준으로 생각해 보자. 하루에 8시간을 근무하면 평균 300만 원을 받는다고 가정했을 때, 아무리 열심히 일해도 그 이상의 수익을 얻기는 쉽지 않다. 근무 시간도 정해져 있고, 급여도 정해져 있으니 한계가 명확하다. 하지만 내가 경험한 현장 기술직은 완전히 다른 세계였다. 정해진 시간에 맞춰 급여를 받는 것이 아니라 내가 직접 판매하고 시공한 만큼 수익이 발생하는 방식이었다.

내 몸값은 내가 정한다

예를 들어, 방충망 설치를 한 집에 시공하면 30만 원의 수익이 발생한다고 가정해 보자. 그렇다면 내가 그 작업을 1시간 만에 끝내든, 3시간 만에 끝내든 내 수익은 변하지 않는다. 결국 내가 얼마나 효율적으로, 얼마나 빨리 움직이느냐에 따라 내 시간당 몸값이 결정되는 일이었다. 설치 시간이 오래 걸리면 내 몸값이 낮아지고, 빠르게 끝낼수록 하루에 더 많은 시공을 할 수 있었다. 이 구조에서 나는 자연스럽게 속도와 효율성을 높이는 데 집중하게 되었고, 그 결과

내 몸값과 수익은 점점 더 높아져 갔다. 내가 빠르게 움직일 수록 내 수익은 점점 더 커져 갔다.

처음으로 한 달에 500만 원을 벌게 된 순간이 찾아왔다. 나는 하루 12시간을 밖에서 일했지만, 이상하게도 몸이 피곤하지 않았다. 정말이었다. 그저 믿기지 않았고, 감사했고, 한편으로는 신기했다. 스펙 없는 운동선수 출신에 한때 "뭐 해 먹고사나?"라는 고민만 가득했던 내가 이렇게 큰돈을 손에 쥘 수 있다는 사실은 상상조차 해 본 적이 없다. 만약 내가 일반 직장에 들어갔으면 이런 돈을 평생 만져 보지 못했을지도 모른다. 하지만 내가 몸을 쓰고, 그에 맞는 대우를 받는 일을 했기에, 삶이 바뀌는 순간을 맞이할 수 있었다.

수동적인 삶과 능동적인 삶

내가 경험한 기술직과 일반 직장인의 가장 큰 차이는 삶의 주도권을 얼마나 갖고 있느냐 였다. 만약 내가 정해진 시간에 일을 하고 고정된 급여를 받는 사람이었다면, 아마도 "어떻게 하면 조금 일하고 시간을 보내지?"라는 생각을 했을 것이다. 퇴근 시간을 손꼽아 기다리면서 시간을 흘려보내며 살았을지도 모른다(물론, 모든 직장인이 그렇다는 것은 절대 아니다). 하지만 내가 선택한 일은 달랐다. 내가 일한 만큼,

움직인 만큼, 버는 수익이 정직하게 따라왔다.

기술직은 또 하나의 매력이 있다. 일반 직장처럼 딱 9시부터 일과를 시작해야 한다는 정해진 틀이 없었다. 내 의지만 있다면 언제든 더 일찍 시작할 수 있었다. 나는 아침 7시부터 일하는 날이 많았고, 매일매일 부지런하게 움직이며 하루를 꽉 채웠다. 방충망 설치 일은 여름이 극성수기다. 그래서 여름철에는 새벽 6시부터 작업을 시작해서 밤 10시까지 일하는 날도 많았다. 하루 14시간 이상 일하며 일주일 내내 쉬지 않을 때도 있었다.

누군가는 "그렇게까지 하면서 살아야 해?"라고 말할지도 모르지만, 나는 그 시간들이 전혀 아깝지 않았다. 내가 스스로 선택해서 움직인 시간이었고, 그 시간의 대가를 온전히 가져올 수 있었기 때문이다. 기술직의 가장 큰 장점은 '내가 일한 만큼 정직하게 보상받는 일'이라는 점이다. 어떤 일을 하든 결국 우리는 시간과 노동을 투자한다. 하지만 기술직만큼 그 투자에 대한 대가를 솔직하게 돌려받을 수 있는 일도 드물다.

누군가는 "쉬운 길로 가라."고 하지만, 나는 말하고 싶다. 정직한 땀과 노력으로 당당하게 버는 것만큼 값진 길도 없다. 기술직은 바로 그런 길이다.

어렵고 위험하기도 한
현장 기술직

현장 기술직은 높은 일당과 숙련된 기술의 가치를 인정받는 직업이지만, 동시에 몇 가지 단점도 존재한다. 기술을 익히고 숙련도를 높이기 위해서는 오랜 시간과 끈기, 그리고 많은 노력이 필요하다. 그 과정에서 신체적인 피로뿐만 아니라 정신적인 스트레스와 불확실성도 경험하게 된다.

신체적 부담과 건강

기술직은 기본적으로 신체를 사용하는 작업이다. 무거운 장비와 자재를 들고 이동해야 하며, 반복되는 동작과 불편한 자세는 신체에 큰 부담을 준다. 특히 허리와 무릎, 그리고 관절에 가해지는 부담은 시간이 지날수록 누적되어 건강 문제로 발전할 수 있다.

공사 현장은 먼지와 분진이 많아 호흡기 건강에 악영향을 미칠 수 있다. 이를 예방하기 위해서는 반드시 마스크를 착용해야 한다. 페인트나 화학 제품과 같은 유해 물질을 사용할 경우, 피부 손상의 위험도 커지므로 보호 장비 착용이 필수적이다. 건강을 지키기 위해 올바른 작업 자세를 유지하고, 꾸준한 운동과 정기적인 건강 검진을 받는 것이 중요하다.

안전사고의 위험성

현장에서는 언제나 안전사고의 위험이 존재한다. 높은 곳에서 작업하거나 위험한 장비를 다루는 과정에서 작은 부주의가 큰 사고로 이어질 수 있다. 따라서 각종 보호 장비를 착용하고 안전 규정을 철저히 준수해야 한다. 하지만 예기치 못한 돌발 상황은 언제든지 발생할 수 있으며, 특히 경험이 부족한 초보 기술자들은 사고의 위험에 더 많이 노출되어 있다.

작업 도중 발생하는 사고는 신체적, 정신적 후유증을 남길 뿐만 아니라 경력과 수입에도 부정적인 영향을 미칠 수 있다. 그렇기에 안전에 대한 지속적인 경각심과 빠른 판단력이 필수적이며, 안전 교육과 예방 조치를 철저히 수행하는 것이 중요하다.

극한의 작업 환경

대한민국은 사계절이 뚜렷한 나라로, 기술자들은 혹한과 폭염 속에서도 작업을 수행해야 한다. 여름철 폭염 속에서는 체온 조절과 수분 보충이 어려워 탈진이나 열사병에 걸릴 위험이 크며, 겨울철 혹한 속에서는 손이 얼어붙고 몸이 경직되어 작업 효율이 저하된다.

이러한 극한의 환경에서도 현장은 멈추지 않는다. 따라서 기술자들은 작업 전후로 충분한 휴식을 취하고, 체온 관리를 철저히 하며, 개인 보호 장비를 적극 활용해야 한다.

사회적 편견과 인식

현장 기술직은 여전히 사회적으로 낮게 평가되는 경향이 있다. '노가다'라는 표현에서 볼 수 있듯이, 많은 사람이 기술직을 단순한 육체노동으로 간주한다. 이로 인해 기술자들은 자부심을 느끼기 어려울 때가 있으며, 청년층이나 여성들이 기술직에 진입하는 데 장벽이 되기도 한다.

하지만 현장 기술직은 고도의 숙련도를 요구하는 전문직이다. 단순한 노동이 아니라 창의적 문제 해결과 기술력이 필수인 직업이며, 이를 사회적으로 인식시키기 위한 노력이 필요하다. 성공 사례를 공유하고 기술 교육과 홍보를 강화함으로써, 기술직의 가치를 널리 알리는 것이 중요하다.

불규칙하고 불안정한 근무 환경

현장 기술직은 정해진 근무 시간이 없는 경우가 많다. 일이 있을 때는 언제든지 출근해야 하며, 작업이 끝나지 않으면 늦은 시간까지 이어지는 경우도 빈번하다. 또한, 공사 현장이 바뀔 때마다 타지역에서 숙식하며 근무하는 일이 생기기도 한다.

이러한 불규칙한 근무 환경은 개인의 생활 리듬과 가족 관계에 영향을 미칠 수 있으며, 심리적 불안감을 초래할 수도 있다. 따라서 기술자들은 자신의 생활 패턴을 유연하게 조절하고, 가족과의 소통을 통해 정신적인 안정을 유지하는 것이 중요하다.

비록 현장 기술직에는 다양한 어려움이 존재하지만, 이를 극복하고 성공적인 커리어를 구축하는 기술자들도 많다. 다음과 같은 사항을 새겨 둔다면 오랫동안 현장 기술직으로 활약할 수 있을 것이다.

① 건강과 안전 관리

올바른 작업 자세, 꾸준한 운동, 정기 건강 검진을 통해 신체적 부담을 줄일 수 있다. 또한, 최신 보호 장비를 활용하고 안전 수칙을 철저히 준수하면 사고 위험을 최소화할 수 있다.

② 기술직의 인식 개선
기술자 스스로가 자신의 가치를 높이기 위해 노력하고, 기술직의 중요성을 널리 알리는 활동에 참여해야 한다. 기술직이 단순한 노동이 아니라 고도의 전문성이 요구되는 직업임을 강조할 필요가 있다.

③ 근무 환경 적응
불규칙한 근무 환경 속에서도 자기 관리와 생활 패턴 조절을 통해 균형을 맞추는 것이 중요하다. 또한, 지속적인 자기 계발을 통해 전문성을 키우고, 장기적인 커리어를 설계하는 것이 필요하다.

기술,
왜 쉽게 안 가르쳐 줄까?

열현남아 채널에는 유독 자주 보이는 댓글이 있다. "기술 배우기 힘들어요." "기술 안 가르쳐 줍니다." "잡일만 하다가 그만뒀습니다."

진짜 안 가르쳐 주는 게 맞다. vs 열심히 하면 알려 준다. 이것은 항상 뜨거운 논쟁이 벌어지는 주제다. 왜 기술을 배우기 어렵다고 할까? 정말 기술은 쉽게 배우기 힘든 걸까?

세상에 공짜는 없다

먼저 확실하게 말하고 싶다. 세상에 공짜로 얻을 수 있는 기술은 없다. 생각해 보자. 다른 업종에서도 무언가를 배우려면, 우리는 그 대가를 치른다. 어떤 분야든, 누군가의 기술을 배우는 것은 결국 그 사람의 시간과 에너지를 빌리는 일이다. 학원에 다니고, 비싼 수강료를 내고, 오랜 시간을 투자해서야 비로소 '배움'이 시작된다.

그런데 유독 기술직에 대해서만 "왜 안 알려 주지?"라는 생각을 쉽게 한다. 기술직을 시작하는 많은 분이 가장 많이 착각하는 부분이 바로 이거다. "내가 기술 배우러 가니까 당연히 가르쳐 주겠지?" 하지만 아니다. 현장에는 '배우러 가는 것'이 아니라, '일을 하러 가는 것'이다. 처음부터 잡일을 하는 건 당연한 시작이다. 내가 아직 아무 가치도 증명하지 못한 상태에서 누군가가 나에게 시간과 노력을 투자하기란 쉽지 않다.

기술을 쉽게 가르쳐 주지 않는 이유: 기술은 곧 경쟁력

왜 기술자들은 기술을 쉽게 가르쳐 주지 않을까? 그 이유는 명확하다. 기술은 곧 내 생존 수단이고, 내 경쟁력이기 때문이다. 내가 몇 년, 몇십 년 동안 피땀 흘려 익힌 기술을 쉽게 남에게 알려 준다면 그 순간부터 내 경쟁자가 될 수 있으므로 기술을 전수하기가 쉽지 않다.

특히 기술직은 다른 업종과 다르게 독립이 쉬운 편이다. 어느 정도 기술만 익히면, 적은 자본으로도 바로 창업이 가능하다. 그러다 보니 선뜻 모든 걸 알려 주기 어려운 게 현실이다.

입문하는 초심자의 입장이라면 이 현실이 가혹하게 느껴질 수 있으나, 기술자가 된다면 기술을 알려 주는 것이 얼마나 큰 가치를 알려 주는 일인지 느끼게 될 것이다. "내가 이 사람을 정말 믿을 수 있을까?" "이 사람이 나와 함께 오래 갈 사람일까, 아니면 기술만 빼 가려는 사람일까?" 이 질문에 확신이 들지 않으면, 쉽게 가르쳐 주지 않는 게 현실이다.

가르칠 시간과 여유의 부족

기술자들은 보통 현장에서 하루 종일 몸을 쓰며 일한다. 하루라도 일을 쉬면 수입이 줄어드는 경우가 많다. 기술을 가르치는 것은 에너지가 필요한 일이다. 숙련자들도 바쁘기 때문에, 초보자를 가르칠 여유가 없다. 가르치는 동안 생산성이 떨어지기 때문에, 경제적인 손해가 발생할 수도 있다. 이 때문에 현장에서는 "가르쳐 줄 시간이 없다."는 말이 많이 나온다.

초보자 입장에서는 "왜 안 알려 주지?"라고 생각할 수 있지만, 숙련자 입장에서는 "내 일도 바쁜데, 가르치는 것까지 하면 너무 힘들다."라는 현실적인 문제가 있다.

그렇다고 기술자들이 절대 기술을 안 가르쳐 주는 건 아니다. 기술자들도 결국 함께 일할 사람이 필요하다. 조공도 필요하고, 자신이 믿고 함께 성장할 후계자도 필요하다. 하지만 아무나 그 자리에 올 수는 없다. 진심으로, 오래 함께할 마음이 보이는 사람에게 마음을 열고 싶을 뿐이다.

기술직에는 정해진 룰이 없다

그럼 기술을 배우려면 어떻게 해야 할까? 우선 나는 마음 가짐이 가장 중요하다고 생각한다. "왜 안 알려 주지?"가 아니라, "내가 저분의 기술을 배울 만한 사람인가?"라는 질문을 먼저 스스로에게 던져야 한다. 기술을 알려 주고 싶을 만큼 신뢰받는 사람이 되어라. 기술직에는 회사처럼 정해진 승진 시스템이 없다. 명확한 기준이 없다 보니, 같은 시간을 일해도 사람마다 성장 속도가 크게 다르다. 누군가는 1년 동안 허드렛일만 하기도 하고, 누군가는 일도 하면서 빠르게 기술을 배우며 성장하기도 한다. 회사처럼 승진이 명확히 규정되어 있지 않기 때문에, 얼마나 빠르게 성장하느냐는 전적으로 본인의 태도와 노력에 달려 있다.

하지만 많은 이가 기술을 배우는 본질을 깨닫지 못하고 "어떻게 하면 더 빨리 배울 수 있을까?"만 고민한다. 물론 빠르게 기술을 익히는 것은 중요하다. 그러나 단순히 기능만 익히는 것이 아니라 진정으로 빠르게 성장하고 싶다면, 조직 안에서 좋은 인성과 태도를 보여야 한다. 기술직에서 살아남고 싶다면, 기술보다 인간 관계부터 다져야 한다.

인간 관계를 다지는 법은 간단하다. 인사를 잘하고, 웃는 얼굴로 사람들과 소통하며, 자신의 역할을 적극적으로 해내는 것이다. 작은 습관 하나가 미래를 결정한다. "인사만 잘해도 50점은 먹고 들어간다."는 말이 있지만, 나는 이 점수를 70점으로 본다. 인간 관계와 사회 생활에서의 태도가 현장에서도 중요한 이유다. 현장의 기술자들은 자신이 가르칠 가치가 있는 사람인지 아닌지를 본능적으로 파악한다. 자신이 가르친 사람이 성장하는 모습을 보면서 보람을 느끼기 때문이다. 내가 기술만 배우고 싶다고, 그것에 목숨 걸고 생각하기보다는, 인간 관계를 어떻게 잘 맺을지, 사회 생활을 어떻게 잘할지에 대한 고민을 많이 했으면 좋겠다.

처음부터 모든 것을 다 하겠다고 나서는 것보다, 우선 현장에서 필요한 손과 발이 되어 주는 것이 중요하다. 기술자가 필요한 것을 먼저 챙기고, 커피 한 잔을 타다 드리거나, 사소한 칭찬 한마디라도 건넬 줄 알아야 한다. 이런 작은 행동이 스승의 마음을 열고, 신뢰를 쌓아 가는 과정이 된다. 사람은 인정받고 존중받을 때 마음이 열린다. 아무리 기술이 중요하다고 해도 사람들과 함께 일하는 직업이기 때문에 신뢰를 쌓고, 진심을 보이면 더 많은 기회를 얻을 수 있다. 기술은 혼자 익히는 것이 아니라 함께 배우고, 경험을 나누며 성장하는 것이다.

꼭 없어져야 할 문화

물론 "기술 안 알려 주고 잡일만 시킨다."는 말도 괜히 나오는 것은 아니다. 분명 초심자의 열정과 노력을 악용하는 사람들도 있다. 기술을 알려 준다는 명목으로 단순히 부려 먹기만 하는 사람들이 존재하는 것 또한 엄연한 현실이다. 나 역시 이런 구조가 바뀌어야 한다고 생각한다. 기술을 배우러 온 사람을 존중하지 않고 무조건적인 희생만 강요하는 문화는 반드시 개선되어야 한다.

하지만 이 문제는 간단하게 해결될 일이 아니다. 사실, 어느 집단에나 좋은 사람도, 나쁜 사람도 있기 마련이다. 기술직이라는 현장도 마찬가지다. 그래서 내가 이 부분에서 꼭 강조하고 싶은 것은, "왜 본질적으로 기술을 배우기가 어려운가?"에 대한 근본적인 이해다. 단순히 "왜 안 가르쳐 주냐?"며 무작정 비난하기보다, 이 업계의 생태계와 현실을 이해하고, 내가 어떤 자세로 접근해야 할지를 고민하는 것이 더 중요하다.

많은 사람이 이에 대해 논쟁을 벌인다. "좋은 태도를 가지면 알려 준다."는 쪽과, "아니다, 부려 먹기만 한다."는 쪽. 결론적으로 둘 다 맞는 말이다. 기술을 배우려는 사람도 올바른 태도를 갖추고, 기술자들도 후배를 진심으로 대하는 문화가 자리 잡았으면 한다. 서로의 입장에서 한 번쯤 생각해 보는 노력이 쌓일 때, 기술을 둘러싼 많은 논쟁도 자연스럽게 사라질 수 있을 것이다.

그렇다면 그 좋은 스승을 만날 기회를 누가 만들어야 할까? 결국, 스스로 만들어야 한다. 겸손한 태도와 성실한 노력, 그리고 끊임없는 배움의 자세를 갖춘다면, 기술직에서 인정받고 성장할 기회를 얻을 수 있다. 이 과정이 쉽지는 않겠지만, 한걸음 씩 차근차근 나아가다 보면 어느새 당신도 '진짜 기술자'로 성장해 있을 것이다.

2장

기술직에서
비전을 찾다

100세 시대,
우리는 어떻게 살아가야 할까?

현대 사회는 빠르게 변하고 있으며, 의학과 과학의 발전으로 인간의 평균 수명은 점점 늘어나고 있다. 대한민국의 평균 수명은 83세를 넘어섰으며, 이제는 60세 퇴직 후에도 최소 20~30년을 더 살아가야 하는 시대가 되었다. 이러한 변화 속에서 사람들은 '퇴직 후 무엇을 해야 할까?'라는 고민을 더욱 깊이 하게 된다.

기존의 정년 개념은 점차 무너지고 있다. 과거에는 60세가 되면 자연스럽게 일을 그만두고 자식들에게 의지하는 것이 일반적이었으나, 이제는 60세도 충분히 젊고 경제 활동을 이어 가기 적합한 나이로 여겨지고 있다. 하지만 현실적으로 정년을 맞이한 후 적절한 일자리를 찾기는 쉽지 않다.

정년퇴직 걱정 제로 기술직

이러한 상황에서 기술직은 정년 걱정이 없는 직업으로 주목받고 있다. 기술직은 특정 연령에 구애받지 않으며, 숙련도와 전문성을 바탕으로 지속적인 경제활동이 가능하다. 50대, 60대 이후에도 꾸준히 일할 수 있으며, 나이가 들수록 오히려 숙련도가 쌓여 가치를 더욱 인정받을 수 있다. 실제로 50대 이상의 기술자들이 왕성하게 활동하는 사례는 흔하며, 이는 기술직이 경험과 숙련도를 기반으로 가치를 인정받는 분야이기 때문이다.

기술을 보유한 사람은 나이가 들어도 경제적 안정을 유지할 수 있으며, 자신의 능력을 계속 활용하며 사회적 활동을 이어갈 수 있다. 이는 기술직이 가진 가장 큰 장점 중 하나로, 빠르게 변화하는 현대 사회에서 더욱 매력적인 선택지가 되고 있다.

정년퇴직 걱정 없이 30년째 마루 시공 외길을 걷는 김형필 님

열현남아 채널에 출연했던 김형필 님의 이야기를 들어 보자. 그는 20대 초반에 기술직에 입문한 후, 30년 넘게 마루 시공한 길만을 걸어 왔다. 50대가 된 지금도 여전히 현장에서 왕성하게 활동하고 있으며, 기술직을 선택한 것에 대한 만족감이 크다.

처음부터 거창한 목표가 있었던 것은 아니다. 그는 단순히 생계를 위해 일을 시작했지만, 시간이 흐르면서 기술이 숙련되고 고객의 신뢰를 얻으며 자연스럽게 안정적으로 고소득을 올릴 수 있는 직업이 되었다.

주변 친구들이 정년퇴직을 걱정하며 불안해 하는 반면, 김형필 기술자는 자신의 기술에 대한 확신 덕분에 미래를 두려워하지 않는다. 나이가 들면서 지금처럼 많이 벌지는 못하더라도, 체력을 관리하며 꾸준히 일할 수 있으면 된다고 생각한다. 그는 늘 이렇게 말한다. "망치 들고 일할 수 있을 때까지 해야지."

고된 육체노동임에도 불구하고, 그는 기술직에 대한 자부심을 잃지 않는다. 나이가 들어도 자신의 손으로 무언가를 만들고, 완성된 작업물을 보며 보람을 느낄 수 있다는 점. 그것이야 말로 기술직이 가진 가장 큰 강점이 아닐까?

현재 다양한 분야에서 활약하는 노년 기술자들이 많다. 그들은 젊은 시절부터 쌓아 온 기술과 경험을 바탕으로 지금까지도 현장을 지키고 있다. 물론 예전처럼 몸이 가볍지는 않지만, 오랜 세월 숙련된 전문성을 바탕으로 자신만의 일을 계속 이어가고 있다. 힘들고 버거운 순간이 있어도 자부심을 가지고 일하는 그들의 모습은 그 자체로 존경받을 만하다. 이는 현장 기술직이 가진 가장 큰 매력이기도 하다. 자신의 손으로 평생직장을 만들어 간다는 점에서 말이다.

하지만 현실적으로 50~60대에 접어들어 새로운 기술을 배우는 것은 쉽지 않은 선택이다. 나이가 들수록 체력적인 부담이 커지고, 새로운 것을 익히는 데 시간이 더 걸릴 수밖에 없다. 물론 늦은 나이에 기술을 배워 성공한 사례도 있지만, 확률적으로 쉽지 않은 길이다. 그래서 단순한 희망을 주고 싶지는 않다.

젊을 때부터 미래를 준비하자

열현남아 채널에는 이런 댓글이 자주 달린다. "내 나이가 쉰인데, 이 영상을 20대 때 봤더라면 얼마나 좋았을까." 이런 글을 볼 때마다 마음이 아프다. 하지만 중요한 것은 지금 이 글을 읽고 있는 2030 청년들이 이 메시지를 가슴에 새기는 것이다. 20년 후의 내 모습을 떠올려 보자. 그리고 현재의 나를 돌아보자.

젊음은 돈으로도 살 수 없는 가장 소중한 자산이다. 우리의 미래는 젊을 때 미리 준비하는 것이 무엇보다 중요하다. 20~40대 시절, 에너지가 넘치는 이 시기에 기술을 배우고 익히는 것은 불확실한 미래를 대비하는 가장 현명한 방법이 될 수 있다.

지금도 수많은 사람이 기술을 배우며 인생 2막을 준비하고 있다. 단순히 기술을 익히는 것이 아니라, 삶을 다시 설계하고 스스로의 가치를 재발견하는 과정이다. 그리고 이 글을 읽고 있는 당신도 그중 한 사람이 될 수 있다.

AI가 대체할 수 없는
직군

"AI가 많은 직업을 대체할 것이다." 뉴스를 보면 이런 이야기가 끊임없이 나온다. 실제로 AI는 빠르게 발전하며 우리의 삶과 일자리를 변화시키고 있다. AI 시대에 접어든 지금, 많은 직업이 AI로 대체될 것이라는 전망이 쏟아진다. 생산성을 높이고, 효율성을 강화하며, 새로운 가능성을 열어주는 등 AI가 산업 전반에 미치는 영향은 긍정적이다. 하지만 이러한 변화가 모두에게 반가운 소식은 아니다. 특히 평범한 사람들에게는 AI로 인해 일자리가 위협받는 현실이 불안하게 다가올 수 있다.

"혹시 내 직업도 AI에 대체되지 않을까?" "전문직도 AI가 대신할 수 있다는데, 나는 어떻게 해야 할까?" 이런 걱정들이 자연스레 떠오를 수밖에 없다. 실제로 열현남아 채널의 댓글을 보면, 많은 사람이 불안을 느끼고 있다.

진짜 기술자들은 불안하지 않다
그렇다면 AI 시대에서 현장 기술직의 미래는 어떨까? 나는 매주 열현남아 촬영을 위해 수많은 기술자들의 생생한 작업 현장을 직접 보고 있다. 그리고 늘 스스로에게 묻는다. 이 직업이 과연 AI로 대체될 수 있을까? 그 현장을 지켜볼수록 확신이 든다. 현장 기술직은 인간의 손으로 만들어 내는 결과물이기에 AI가 대체할 수 없는 직군이다.

기술직은 단순한 기계 조작이나 반복 노동이 아니다. 예를 들어, 목수는 나무를 자르고 붙이는 것이 전부가 아니다. 공간의 특성과 고객의 취향을 고려해 맞춤형 가벽과 인테리어 구조물을 설계하고 시공하는 일이다. 타일 시공, 도배, 인테리어 필름 작업, 도장 작업 또한 마찬가지다. 단순한 반복이 아니라, 현장의 상태와 재료의 특성을 실시간으로 판단하고, 그에 맞춰 세밀하게 작업해야 한다.

또한, 기술직에는 오랜 경험에서 비롯된 독창성과 직관적인 판단력이 필요하다. 베테랑 기술자들은 예기치 못한 문제를 마주해도 차분하게 대처하며 최적의 해결책을 찾아낸다. 이런 능력은 책으로 배울 수 있는 것이 아니다. 수년간의 경험과 시행착오를 거치며 쌓아 온 값진 자산이다.

그래서일까? 많은 기술자들은 AI가 인간의 일자리를 위협한다는 뉴스를 보아도 큰 위기감을 느끼지 않는다고 말한다. 그들은 자신이 쌓아 온 기술에 대한 확신과 자부심이 있기 때문이다. "AI가 아무리 발전해도 사람의 손끝에서 나오는 정교함과 섬세함은 따라올 수 없습니다. 기술직은 단순한 직업이 아니라, 내 손으로 세상을 바꾸는 일입니다." 나 또한 기술직에 종사하는 사람으로서, 그 말에 깊이 공감한다.

마케팅 회사 퇴사 후 필름 시공자가 된 서아름 님

열현남아 채널에 출연했던 서아름 님의 이야기를 해 보자. 한때 마케팅 회사에서 사무직으로 일했던 아름 님은, 점점 AI가 자신의 업무를 대체하는 모습을 보며 불안감을 느끼기 시작했다. 자신이 해 오던 일을 AI가 더 빠르고 정확하게 처리하는 것을 보며, "내가 5년, 10년 후에도 이 일을 계속할 수 있을까?" 하는 의문이 들었다.

미래에 대한 고민 끝에 아름 님은 새로운 길을 찾기로 했다. AI가 쉽게 대체할 수 없는 분야를 고민하던 중, 현장 기술직에 관심을 갖게 되었고, 특히 인테리어 필름 시공이 눈에 들어왔다.

지금 아름 님은 자신의 손으로 공간을 변화시키며, 고객의 요구를 즉각 반영하는 기술을 익혀 나가고 있다. 단순한 반복 업무가 아닌, 손끝의 감각과 창의력이 필요한 분야에서 자신만의 경쟁력을 쌓아 가는 중이다.

아름 님의 사례는 AI 시대에도 인간만이 가질 수 있는 능력, 즉 세밀한 감각과 창의성, 유연한 대응력의 중요성을 다시 한 번 증명해 준다.

AI 시대에 더욱 빛나는 기술직

대부분의 기술직은 복잡하고 예측할 수 없는 상황에 대처하는 능력이 필수적이다. 작업 현장에서는 예상치 못한 변수들이 끊임없이 발생하며, 이를 해결하기 위해서는 창의적인 판단과 즉각적인 조치가 요구된다. 실제로 현장에 나가 보면, 공간의 조건과 작업 환경이 모두 다르다. AI가 모든 변수를 이해하고 유동적으로 해결책을 제시하는 것은 쉽지 않다. 오랜 경험을 쌓아 온 베테랑 기술자들만이 이러한 상황에 유연하게 대응하며 문제를 해결할 수 있기 때문이다.

나 역시 유튜브 활동 외에도 청소 사업을 운영하며, AI 시대에도 대체될 수 없는 일을 하고 있다는 확신을 갖고 있다. 청소는 100% 사람의 손으로 이루어지는 작업이다. 현장에서 직접 경험하며 고객과 소통하고, 문제 발생시 즉각적으로 대응하는 능력은 기계가 대신할 수 없는 인간만의 강점이다. 그래서인지 나는 AI가 내 직업을 대체할 것이라는 걱정을 한 번도 해 본 적이 없다. 지금 내가 하는 일을 AI나 로봇이 대신할 수 있다고는 생각하지 않는다.

물론, AI의 발전으로 우리의 일상과 업무 환경은 계속 변화할 것이다. AI와 로봇이 도입되는 분야에서는 생산성과 효율성이 극대화되겠지만, 그런 변화 속에서도 현장 기술직의 가치는 결코 줄어들지 않을 것이다. 기술직은 단순히 정해진 알고리즘을 따라 수행하는 것이 아니라, 현장에서 발생하는 수많은 변수와 상황을 인간적인 감각으로 판단하고 해결해야 하는 직업이기 때문이다.

AI는 기술직과 협력해 더 나은 방향으로 나아갈 수는 있지만, 결코 기술직을 완전히 대체할 수는 없다. 현장 기술자의 손끝에서 발휘되는 섬세함, 독창성, 유연성은 앞으로도 계속해서 인정받을 것이다. AI 시대에도 변함없이 중요한 직업으로 남을 것이다.

그렇다면 우리는 어떤 선택을 해야 할까? 흘러가는 대로 미래에 대한 아무런 대비 없이 살아가다 보면, 결국 AI에 의해 도태될 수밖에 없다. 내가 하고 있는 일이 내 미래를 온전히 책임질 수 있는지, 매일 돌아보며 고민해야 한다.

나는 확신한다. 목공, 타일, 도배, 인테리어 필름, 도장, 청소 등 인간의 손길이 필요한 작업들은 앞으로도 중요한 가치를 지닐 것이다. 결국, AI 시대에도 살아남기 위해 우리가 해야 할 선택은 분명하다. AI가 대체할 수 있는 기계적인 업무에 의존하며 불안한 미래를 맞이할 것인가? 아니면 인간만이 가진 창의력과 감각, 경험을 바탕으로 기술을 익히고, 스스로의 미래를 만들어 나갈 것인가?

기술을 익힌 사람은 AI 시대에도 흔들리지 않는다. 그리고 그들의 손끝에서 탄생하는 섬세함과 유연성은 앞으로도 더 큰 가치를 인정받을 것이다. 나는 믿는다. 현장 기술직이야말로 AI 시대에도 대체될 수 없는, 그리고 미래에도 중요한 직업으로 남을 분야다.

인생의 주인공이 될 수 있는
기술직

우리는 인생에서 상당한 시간을 '일'과 함께 보낸다. 하루의 대부분을 차지하는 직업이 삶에 미치는 영향은 그만큼 크다. 따라서 직업 선택은 단순히 생계를 위한 수단이 아니라, 인생의 방향과 삶의 질을 결정하는 중요한 요소가 된다.

워라밸이 가능한 현장 기술직

최근 MZ 세대가 직업을 선택할 때 가장 중요하게 고려하는 요소 중 하나는 바로 '워라밸'이다. 워라밸이란 '워크(work, 일)'와 '라이프(life, 삶)'의 '밸런스(balance, 균형)'를 의미하며, 일과 생활의 적절한 균형이 유지되는 상태를 뜻한다. 일반 직장인들은 일정 부분 워라밸이 보장된 삶을 살지만, 고정된 근무 체계 안에서 벗어나기 어려운 경우가 많다.

자영업자 역시 자유로워 보이지만, 실제로는 언제 손님이 올지 몰라 가게를 항상 열어 두어야 하는 부담이 있다. 이에 반해, 현장 기술직은 수입적인 장점뿐만 아니라 스스로 일정 조율이 가능하다는 점에서 워라밸이 뛰어난 직업이라고 할 수 있다.

여기서 오해하지 말아야 할 점이 있다. 워라밸이 좋다고 해서 근무 시간이 짧거나 여유로운 삶만을 의미하는 것은 아니다. 진정한 워라밸이란 '내가 내 삶을 스스로 통제할 수 있는 것', 즉, 일과 삶의 균형을 내 의지대로 조절할 수 있는 상태라고 생각한다.

기술직은 기존의 전통적인 근무 방식에서 벗어나 자율성을 보장하는 직업이다. 직접 스케줄을 설계하고, 내가 원하는 시간에만 일할 수 있다. 예를 들어, 한 주 동안 여행을 가고 싶다면 미리 일정을 조율해 해당 기간에는 일을 잡지 않으면 된다. 이번 달에는 여유롭게 지내고 싶다면 주 3~4일만 일할 수도 있고, 반대로 목표를 세워 일주일 내내 근무할수도 있다. 이러한 유연성 덕분에 기술직은 일과 삶의 균형을 맞추기 좋은 직업으로 꼽힌다.

행복하게 일하는 유리창 청소 전문가, 강병삼 님

열현남아 채널에 출연한 유리창 청소 전문가 강병삼 님의 이야기다. 병삼 님은 수많은 청소 아이템 중에서 카페, 식당, 상가 유리창 청소를 전문적으로 하고 있다.

병삼 님이 유리창 청소를 선택한 이유는 아주 명확하다. "행복하게 일하며 돈을 벌자." 돈만 벌기 위해 억지로 참고 버티는 삶이 아니라, 일하는 순간조차 즐겁고 행복할 수 있는 방법을 찾은 것이다. 그는 내가 일하고 싶을 때만 일하고, 내가 쉬고 싶을 때는 과감히 쉰다. 모든 스케줄은 본인의 삶에 맞춰 설계되고, 일정과 수입도 스스로 조절한다. "누군가에게 얽매이는 게 아닌, 스스로 통제할 수 있는 이 직업이 너무 좋아요." 라고 그는 말한다.

현재 병삼 님은 SNS에서 '투명한 남자'로 활동하고 있다. 유튜브 구독자 1만 명 이상, 인스타그램 게시글 수백만 조회수를 기록하면서 '행복하게 일하는 청소 전문가'라는 새로운 롤모델이 되었다. 병삼 님의 영상을 본 사람들은 "청소도 저렇게 행복하게 할 수 있구나."라는 감상을 받는다.

병삼 님의 삶을 통해 우리가 배울 수 있는 건 '기술'만이 아니라 "어떻게 살 것인가?"에 대한 힌트다. 그는 오늘도 높은 유리창 앞에서 세상 누구보다 자유롭게, 행복하게 일하고 있다.

나 역시 20대에 방충망 기술자로 일하면서 이 점에서 큰 만족을 느꼈다. 일이 나를 옭아매는 느낌이 아니라, 내가 원하는 때에 일할 수 있다는 자유로움이 더 크게 다가왔다. 많은 사람이 기술직의 가장 큰 장점을 '수입'이라고 생각하지만, 나는 '일정 조율의 자유로움'이야 말로 기술직의 또 다른 강력한 매력이라고 생각한다.

출장이 곧 여행이다
현장 기술직은 내가 고객이 있는 장소로 출장을 가야 한다. 누군가에게는 타지역으로 출장을 가는 것이 힘들게 느껴질 수 있지만, 나에게는 그것이 힐링이었다. 일이 즐겁지 않다면 끌려가듯이 먼길을 떠나겠지만, 일이 즐겁다면 콧노래를 부르며 먼길을 떠날 수 있다.

실제로 요즘 젊은 세대 기술자들은 일과 삶을 모두 즐기고 있다. 그들은 매일매일 새로운 곳에서 일한다는 설렘과 행복을 느낀다. 타지역으로 출장을 가면 팀원들이 모여 좋은 시간을 보내는 모습이 언뜻 보면 여행 가는 것처럼 보이기도 한다.

전국 팔도를 누비는 탄성 코트 기술자 박건 님

기술직의 자유로움을 보여 주는 대표적인 사례로, 열현남아 채널에 출연했던 박건 님을 소개하고 싶다. 그는 베란다 페인트 탄성 코트를 전문적으로 시공하는 기술자로, 마산에 거주하지만 전국을 무대로 활동한다. 전국 곳곳을 돌아다니며 작업을 하기 때문에 한 곳에 머무는 시간이 많지 않다.

누군가는 이런 출장 생활을 보고 "매번 낯선 환경에서 적응하는 것이 피곤하지 않느냐?"고 묻기도 한다. 그러나 박건 님은 이를 오히려 낭만적이라고 말한다. "전국을 다니며 일하는 것이 힘든 것이 아니라, 오히려 설레고 즐겁다."고 말할 정도다. 그는 새로운 지역을 탐방하고, 그 지역에서만 맛볼 수 있는 음식을 즐기면서 행복을 느낀다. 누군가에게는 타지 출장이 고된 일일 수 있지만, 그에게는 매일 새로운 곳을 향해 떠날 수 있는 기회이자 즐거움이다.

기술직을 겉으로만 보면 힘들고 지저분한 일처럼 보일 수도 있다. 하지만 깊이 들여다보면 그 안에는 수많은 장점이 숨어 있다. 특히 사무실에 갇혀 매일 같은 업무를 반복하는 것이 답답한 사람들에게 기술직은 매력적인 선택이 될 수 있다.

나 역시 기술직에 몸담아 보지 않았다면, 이렇게 자신 있게 그 장점을 이야기할 수 없었을 것이다. 하지만 현장 기술직에서 직접 경험한 자유와 유연성은 그 어떤 직업에서도 쉽게 얻을 수 없는 소중한 가치였다. 많은 현대인이 원하는 삶의 모습과 맞닿아 있는 직업, 그것이 바로 기술직이 아닐까?

인테리어 산업의 호황,
기술자들은 웃는다

사람들은 예쁜 집을 원한다

이제 집은 단순히 잠을 자고 밥을 먹는 공간이 아니다. 바쁜 일상에서 돌아와 안정을 취하는 장소이자, 자신의 취향과 철학을 담아내는 공간으로 변화했다. 집은 곧 자신을 표현하는 또 하나의 수단이며, 가장 편안한 안식처가 되었다.

이러한 가치관의 변화는 사람들이 인테리어에 관심을 갖게 되는 계기로 이어졌다. 특히 코로나 시대를 거치면서 이런 경향은 더욱 두드러졌다. 외출이 제한되고 집에서 보내는 시간이 늘어나면서 자연스럽게 주거 환경에 대한 관심이 커진 것이다. 공간의 중요성이 부각되면서 벽지를 바꾸고, 가구를 재배치하거나, 조명을 교체하는 등 크고 작은 인테리어 투자도 증가했다.

코로나 시기 동안 많은 산업이 침체했지만, 인테리어 업계만큼은 예상치 못한 호황을 맞았다. 집에 머무는 시간이 길어지면서 인테리어 수요가 폭발적으로 증가한 덕분이다. 그 결과, 관련 기술자들은 쉴 틈 없이 바쁜 나날을 보냈다. 인테리어 산업은 단순한 유행이 아니라 필수적인 생활 요소로 자리 잡았으며, 이에 따라 기술자들의 역할도 더욱 중요해졌다. 인테리어는 단순히 공간을 아름답게 꾸미는 것을 넘어, 전문적인 기술과 세심한 손길이 필요한 작업이다. 벽을 허물고, 타일을 새로 깔고, 조명을 설치하는 등의 과정은 숙련된 기술자의 손을 거쳐야 한다. 따라서 인테리어에 대한 관심이 높아질수록 기술자들의 전문성과 수요도 함께 증가할 수밖에 없다.

정보 공유의 시대, 인테리어 산업을 활성화하다

이와 함께 인테리어 시장을 크게 변화시킨 요인은 정보의 대중화다.

유튜브, SNS, 온라인 커뮤니티를 통해 인테리어 관련 정보가 폭발적으로 공유되고 있다. 이제 우리는 누구의 집이든 사진 한 장으로 쉽게 들여다볼 수 있고, 다양한 인테리어 아이디어를 손쉽게 접할 수 있는 시대에 살고 있다. 이런 정보 공유 덕분에 "나도 저렇게 꾸며 보고 싶다."는 욕구가 자연스럽게 커졌다.

열현남아 채널에 출연한 전찬수 님은 '폴라베어 전실장'이라는 이름으로 활동하는 대표적인 인테리어 유튜버다. 현재 47만 명의 구독자를 보유하고 있으며, 탄탄한 팬층을 확보하고 있다.

그는 실제 현장에서 쌓은 시공 노하우와 다양한 인테리어 팁을 영상으로 제작해, 구독자들이 무료로 전문 정보를 얻을 수 있도록 돕고 있다. 기존에는 현장 견학 없이는 접하기 어려웠던 '고급 인테리어' 정보를 대중화한 셈이다.

이러한 정보 공개 덕분에 소비자들은 인테리어의 진입 장벽을 한층 낮게 느끼게 되었다. 이제 소비자들은 인테리어 지식을 바탕으로 자신만의 공간을 만들어 나간다. 물론 모든 과정을 개인이 해결하기에는 한계가 있기 때문에, 실제 시공 단계에서는 숙련된 기술자의 손길이 필요하다. 소비자는 기술자와 협업하며 창의적이고 독창적인 결과물을 완성해 간다.

이러한 변화는 기술자들에게 더 많은 기회를 제공하며, 그들의 역할을 더욱 중요한 위치로 끌어올리고 있다. '폴라베어 전실장' 님은 누구나 인테리어에 도전할 수 있도록 길을 열어주었고, 기술자와 소비자가 함께 발전하는 상생의 장을 마련한 선구자라 할 수 있다. 그의 노력이 앞으로도 인테리어 문화를 더욱 풍성하고 창의적으로 이끌어 갈 것이라는 점에서, 그 공로는 실로 크다고 할 수 있다.

인테리어의 대중화, 기술자의 가치는 오른다

과거에는 어렵게만 느껴졌던 인테리어가 이제는 대중들에게 친숙한 문화가 되었다. 주거 공간뿐만 아니라 상업 공간에서도 인테리어의 중요성은 커지고 있다. 카페나 식당은 이제 음식의 맛만으로 경쟁하지 않는다. 인테리어를 통한 분위기가 손님을 끌어들이는 핵심 요소로 자리 잡았기 때문이다. SNS에 올릴 사진을 찍기 위해 감각적인 인테리어를 갖춘 가게를 찾는 소비자들도 늘어나고 있다.

이제는 평범한 공간이 없는 시대다. 감성적인 인테리어는 선택이 아니라 필수 요소가 되었으며, 소비자들의 눈높이를 맞추기 위해 더욱 정교하고 세련된 공간 디자인이 요구된다. 예쁜 공간에서 사진을 찍고 SNS에 공유하는 것이 자연스러운 문화로 자리 잡았으며, 이러한 변화 속에서 가장 큰 수혜를 받는 것은 기술자들이다.

이러한 흐름은 인테리어 시장을 더욱 활성화시키고 있다.

감각적인 공간이 주는 심리적 만족감이 중요해진 시대, 사람들은 자신의 공간에 대한 투자를 아끼지 않는다. 특히 집값 상승과 경제적 여유가 더해지면서, 주거 및 상업 공간에 대한 투자가 지속적으로 증가하고 있다.

이러한 변화는 인테리어 수요의 지속적인 성장을 예고하며, 기술자들에게 새로운 기회를 제공한다. 인테리어 기술자들의 역할은 단순한 시공을 넘어, 사람들의 삶의 질을 높이고 공간의 가치를 창출하는 데 핵심적인 역할을 한다. 앞으로도 기술자들은 이러한 변화를 이끌며, 인테리어 산업의 중심에서 더 큰 가치를 만들어 갈 것이다.

이런 기술직도 있다: 우리가 몰랐던 기술의 세계

"몸 좀 쓰면 어때?"라고 말하면 사람들이 대체로 떠올리는 기술직이 있다. 목수, 타일공, 도배사, 도장공처럼 우리에게 익숙한 직업들. 하지만 내가 현장에서 만나고 유튜브를 통해 소개했던 기술자의 세계는 그보다 훨씬 넓고 깊다. 건물을 짓고, 집을 고치고, 공간을 아름답게 만들고, 사람들이 더 안전하고 편리하게 살아갈 수 있도록 돕는 수많은 기술이 존재한다. 어쩌면 당신이 알지 못했던 전혀 새로운 세상일지도 모른다.

한 가지 확실한 건, 기술자의 세계는 생각보다 훨씬 더 다양하고, 창의적이고, 우리 삶 가까이에 있다는 것이다. 그리고 그 세계를 알게 되면, 당신이 세상을 바라보는 눈도 조금은 달라질 것이다.

건설 현장 기술

조적공 벽돌, 블록 등을 쌓아 건물을 짓는 일

미장공 벽과 바닥에 시멘트를 발라 표면을 고르고 마감하는 작업

단열재 시공 건물의 열 손실을 막기 위한 단열재를 부착하는 기술

비계공 고층 건설 현장에서 작업할 수 있도록 발판(비계)을 설치하는 일

옥상 방수 시공 건물 옥상에 물이 스며들지 않도록 방수층을

만드는 작업

에폭시 시공 공장, 주차장 바닥 등에 특수 코팅(에폭시)을 입혀 내구성과 방수를 강화하는 작업

특수 시공 기술

로프공 고층 건물 외벽을 수리하거나 청소할 때 줄 하나에 의지해 작업하는 일

시멘트 조각 건물 외벽이나 벽면을 예술적으로 조각하는 기술

싱크대 상판 수리 깨진 싱크대 상판을 복원하고 리폼하는 기술

돌 청소 대리석·화강암 등 돌바닥 및 벽면을 세척·광택하는 작업

생활 밀착형 기술

샷시 수리 오래되거나 고장 난 창틀의 기능을 복원하고 보수하는 작업

소파 수리 찢어지거나 손상된 소파를 복원하고 재생하는 작업

에어컨 설치·이전 가정집과 상업 공간의 에어컨을 설치하거나 이전하는 일

하수구 청소 막힌 배관을 뚫고 하수구를 깨끗이 유지하는 작업

매트리스 청소 침대 매트리스의 진드기, 얼룩, 냄새 등을 전문 장비로 깨끗하게 관리하는 일

이처럼 우리가 알지 못했던 수많은 기술의 세계가 존재한다. 단순히 '몸 좀 쓰는 일'이라고 가볍게 말하기엔, 이 일들이 만들어 내는 가치와 의미는 너무 크고 중요하다. 아직도 세상에는 우리가 모르는 기술직이 많다.

내가 유튜브 '열현남아'를 통해 만난 기술자들, 그리고 앞으로 만나게 될 수많은 기술자의 이야기는 계속될 것이다. 나는 그들의 삶과 기술을 더 많은 사람에게 알리고 싶다. 그리고 그 과정에서 분명, 당신이 찾는 새로운 기회와 가능성도 함께 발견될 거라고 믿는다. "몸 좀 쓰면 어때?" 이 질문에 대한 답을, 앞으로도 나는 계속 찾아가고 싶다. 그리고 당신도 나와 함께, 그 답을 찾아가는 여정을 시작했으면 좋겠다.

3장

돈만
잘 벌더라

흔히 말하는
'노가다'

내가 운영하는 유튜브 채널에는 종종 이런 댓글이 달린다. "노가다네." 이는 현장에서 일하는 직업을 낮춰 부르는 말이다. 이런 글을 볼 때면 마음이 편치 않다. 왜 기술직은 이렇게 단순하게 평가될까?

우리 사회에는 오랫동안 "공부를 잘하면 좋은 대우를 받는다."는 인식이 자리 잡고 있다. 공부를 잘한 사람은 책상 앞에서 머리를 쓰는 일을 하고, 공부를 못한 사람은 몸을 써야 한다는 생각이 자연스럽게 퍼져 있다. 이런 인식은 어릴 때부터 시작된다. 부모가 아이와 함께 공사장을 지나가며 "공부 안 하면 나중에 저렇게 된다."라고 말하는 장면을 종종 본 적이 있을 것이다.

그만큼 대한민국에서는 기술직과 육체노동에 대한 편견이 뿌리 깊다. 어린 시절 장래 희망을 적을 때, 대부분의 아이들은 선생님, 의사, 변호사 같은 직업을 적었다. "나는 현장에서 기술자가 되고 싶어요."라고 말하는 아이는 거의 없었다. 자연스럽게 몸을 쓰는 일보다 사무실에서 펜을 잡고 컴퓨터를 다루는 직업이 더 우월하다고 여겨졌다. 그리고 우리는 그 사고방식을 의심하지 않고 받아들였다. 우리가 원하는 직업이 너무 한정적이었기 때문이다. 결국, 이러한 사회적 인식이 심각한 청년 실업 문제를 초래하는 데도 영향을 미친 것은 아닐까?

그러다 보니 우리가 흔히 말하는 '노가다'라는 단어는 부정적인 의미로 자리 잡았다. 이 단어는 단순 반복적인 고된 노동을 뜻하며, 육체노동을 비하하는 의미로 자주 사용된다. "계속 같은 일만 반복하는 것도 노가다지." "아, 이거 완전 노가다네." 이렇게 일상에서도 자연스럽게 쓰이며, 마치 기술직이 사회적으로 낮은 위치의 직업으로 인식되었다.

하지만 현실은 다르다. 현장에서 일하는 기술자 중에는 억대 연봉을 버는 사람도 많다. 본인의 노력에 따라 보상을 받을 수 있다는 점에서 직업 만족도가 높은 분야이다. 기술직은 단순히 노동력을 제공하는 것이 아니라, 숙련된 기술과 경험이 필요한 전문직이다. 그리고 무엇보다, 이 직업은 본인이 땀 흘린 만큼 성장하고, 성장한 만큼 경제적 보상을 받을 수 있는 구조를 가지고 있다.

물론, 여름에는 폭염과 싸우고, 겨울에는 한파를 견뎌야 한다는 어려움도 있다. 체력적으로 힘든 것도 사실이다. 하지만 단점을 뛰어넘을 만큼 경제적 보상이 크고, 성장 가능성이 높다. 자신이 노력한 만큼 보상을 받는 구조라는 점에서, 단순히 월급이 정해진 사무직과는 다른 매력을 가지고 있다. 나 역시도 20대에 기술직을 선택하지 않았다면, 이런 현실을 몰랐을 것이다. 아마 그냥 지나가며 "저기서 일하는 사람들? 노가다 아냐?" 하고 말했을 것이다.

기술직을 고민하는 사람들의 가장 큰 걱정은 '남들의 시선'이다. "왜 그런 일을 하느냐?" "그건 나이 들어서 할 게 없을 때 하는 일 아니야?" "공부 못해서 저런 일 하는 거지." 이런 말들이 기술직을 선택하려는 사람들의 발목을 잡는다. 하지만 어떤 일이든 그 가치는 중요하다. 한 사람의 인생을 책임질 수 있는 기술은 결코 하찮지 않다. 우리 사회는 이런 직업에 대한 시각을 바꿔야 한다.

점차 변화하는 기술직에 대한 인식

내가 방충망 기술자로 일했던 당시, 타고 다니던 차가 포터 트럭이었다. 지금은 떳떳하고 당당하지만, 그때는 부끄러웠다. 사람을 만나러 갈 때면 일부러 차를 멀리 주차해 두거나, 아예 차가 없다고 말한 적도 있다. 방충망 일을 한다는 것도 자랑스럽게 말하지 못했다. 돈을 꽤 벌었음에도 불구하고, 당당하지 못했다. 이런 내 모습이 싫었지만, 어쩔 수 없었다. 세상이 그렇게 만들어 놓은 시선이었으니까.

기술직이 젊은 층의 선택을 받지 못하는 가장 큰 이유도 사회적 시선 때문이다. 이제는 많이 나아졌지만 아직도 기술직이나 현장직에 입문해서 일을 해도 주변에 당당하게 말하지 못하는 경우가 많다. 내가 유튜브를 시작한 이유 중 하나도 이러한 인식을 바꾸기 위해서였다. 나는 앞으로도 대한민국 현장 기술직에 있는 모든 이들이 이런 생각 없이 당당하게 자신의 직업을 이야기할 수 있도록 더 목소리를 내고, 더 외칠 것이다.

다행히도 최근 들어 기술직에 대한 인식이 조금씩 변하고 있다. 유튜브, SNS 등의 미디어를 통해 기술자들의 삶이 공개되면서, 점점 더 많은 사람이 이들의 가치를 인정하기 시작했다. 예전에는 '노가다'가 30~40대 남성이 주로 하는 일이라는 이미지가 강했지만, 지금은 다르다. 20대 초반의 젊은 남성·여성 기술자, 경력 단절 여성, 퇴직 후 새로운 길을 찾는 중년 남성까지, 다양한 연령대와 성별의 사람들이 현장 기술직으로 뛰어들고 있다. 그리고 이들은 각자의 자리에서 당당하게 목소리를 내고 있다. SNS나 유튜브를 통해 자신이 하는 일을 보여 주며, 기술직의 긍정적인 모습을 알리고 있는 기술자들도 많아졌다. 내가 유튜브를 시작한 이유도 이런 인식을 바꾸고 싶었기 때문이다.

기술직에 대한 부정적인 시선은 단순히 개인의 문제가 아니다. 사회 전체가 해결해야 할 과제이다. 많은 사람이 열현남아 채널에서 기술자의 삶을 보고, 댓글을 남긴다. "이 직업에 대한 인식이 정말 달라졌다." 이런 말을 볼 때 가장 큰 보람을 느낀다. 물론, 오랜 시간 자리 잡은 인식이 단기간에 바뀌기는 어렵다. 하지만 점점 더 많은 사람이 기술직을 '노가다'가 아닌 '블루칼라', 혹은 '전문 기술직'으로 바라보기 시작했다.

이제 우리는 '노가다'라는 단어를 다시 생각해 봐야 한다. 이 단어에 담긴 땀과 노력을 존중해야 한다. 숙련된 기술과 경험이 필요한 전문적인 일이라는 점을 인식해야 한다. 기술직의 가치는 우리의 손으로 우리의 미래를 만들어 가는 데 있다. 기술직을 바라보는 시선이 바뀔 때, 대한민국은 더 나은 사회로 나아갈 수 있다. 시간이 걸리겠지만, 나는 믿는 다. 언젠가는 '노가다'라는 말이 부정적인 의미가 아닌, 기술 자의 자부심을 뜻하는 말이 될 것이라고. 오늘도 전국 곳곳 에서 땀 흘리며 일하는 모든 기술자들에게 존경과 응원을 보낸다.

선진국에서 인정받는 현장 기술직, 한국과의 차이점

한국은 세계 경제 상위 10위권에 드는 선진국이다. 하지 만 현장 기술직을 바라보는 사회적 인식과 대우는 여전히 낮다. 특히 건설 현장 등에서 일하는 육체노동자는 '노가다' 라는 비하적 표현으로 불리며, 그들의 역할과 가치를 제대 로 인정받지 못하는 현실이다. 이는 곧 이 직업군이 사회적 으로 정당한 대우를 받지 못하고 있다는 증거이기도 하다.

반면, 해외에서는 이야기가 완전히 다르다. 호주, 독일, 미 국 등 선진국에서는 현장 기술직을 하나의 '전문직'으로 인정받는다. 이들 국가에서는 기술자들이 단순한 노동자가 아니라, 숙련된 기술과 전문성을 갖춘 직업인으로 평가받는다. 또한, 이들의 역할을 사회와 경제의 필수적인 축으로 여기며, 이에 걸맞은 보상과 복지 제도를 제공한다.

공사 현장이나 다양한 작업장에서 일하는 사람들에 대한 존중이 기본이며, 그들의 역할이 사회적으로도 중요한 가치로 인정받는다. 이와 비교해 보면 대한민국의 기술직에 대한 인식과 처우는 아직도 선진국 수준에 미치지 못하고 있다.

이러한 환경 차이로 인해 한국의 숙련 기술자들이 호주, 캐나다 등 해외로 빠져나가는 현상이 계속되고 있다. 열현남아 채널에 출연했던 26세 젊은 용접공 조광진 님이 대표적인 사례다. 실제로 이 책의 원고를 쓰기 며칠 전, 그와 전화 통화를 나누었다.

한국을 떠나 호주 용접공이 된 26세 조광진 님

조광진 님은 한국에서 용접 기술을 배운 후, 더 나은 환경을 찾아 호주로 떠났다. 가장 큰 이유는 한국에서의 용접사 생활이 만족스럽지 않았기 때문이다. 유튜브나 미디어를 통해 접한 해외의 현장직 문화는 한국과 완전히 달랐다. 현재 그는 호주에서 용접사로 취업해 열심히 일하고 있으며, 한국으로 돌아가고 싶지 않을 정도로 생활에 만족하고 있다고 한다.

그가 만족하는 이유는 단순히 급여 때문만이 아니다. 물론, 호주의 용접사 급여는 한국보다 2배 이상 높아 경제적으로도 큰 장점이 있다. 하지만 광진 님이 가장 크게 느낀 차이는 '복지'와 '업무 환경'이었다. 한국에서 젊은 용접공으로 일할 때는 현장에서 막내로서 설움을 많이 겪었지만, 호주에서는 나이와 경력에 따른 불합리한 차별이 없다. 그는 대한민국에서는 느낄 수 없었던 기술자로서의 존중을 받고 있으며, 이에 대해 큰 만족감을 느끼고 있다.

비자 문제만 해결된다면, 평생 호주에서 살고 싶을 정도로 호주 생활에 만족하고 있다는 광진 님의 이야기는 대한민국에서 현장 기술직에 대한 처우가 얼마나 열악한지를 보여 주는 예시이다.

유튜브나 SNS를 찾아보면, 조광진 님처럼 해외에서 현장 기술자로 살아가는 사람들이 많다. 이는 대한민국에서 기술직에 대한 인식과 복지, 대우가 여전히 부족하다는 방증이다. 만약 한국에서도 선진국 수준의 복지와 임금, 그리고 사회적 인식을 갖추었다면, 이처럼 많은 기술자들이 해외로 떠나지 않았을 것이다.

우리나라도 이제는 기술직 근로자의 처우 개선에 신경을 써야 한다. 단순히 '임금 인상'만이 해답이 아니다. 기술직을 일용직이 아닌 '전문직'으로 인정하고, 법적 보호와 복지 혜택을 확대하며, 근로 환경을 지속적으로 개선해야 한다. 국가 차원의 관심과 정책적 지원이 필요하며, 각 사업체에서도 직원들의 복지와 대우를 향상시키기 위한 노력이 요구된다.

한국이 선진국 수준의 복지, 근로 환경, 사회적 인식을 갖추지 않는 한, 인재 유출은 계속될 것이다. 현장 기술직은 한국 사회를 지탱하는 중요한 역할을 하고 있으며, 이들의 가치를 인정하고 정당한 보상을 제공해야 한다. 단순한 동정이 아니라, 공정한 대우가 필요한 시점이다. 변화는 지금부터 시작되어야 한다.

공부를 못해도
실패한 삶은 아니다

한국 사회에는 "공부 못하면 공사판 간다."는 말이 있었다. 영화 〈주유소 습격사건〉에서도 선생님이 학생을 혼내며 "공부 안 하면 벽돌 나른다."라고 말하는 장면이 있다. 이는 당시 한국 사회에서 공부와 직업에 대한 편협한 시각을 단적으로 보여 주는 예시다.

공부를 못하면 몸을 써야 하고, 몸을 쓰는 직업은 고생스럽고 불행하다는 편견은 오랫동안 이어져 왔다. 이는 부모 세대가 공부를 유일한 성공의 길로 여기며, 자녀에게도 그 가치관을 주입했기 때문이다. 그 결과, 기술직은 사회적으로 낮은 계층의 직업으로 여겨졌고, 자연스럽게 많은 사람이 기술직을 기피하게 되었다.

어린 시절부터 우리는 "공부를 잘해야 좋은 직업을 갖고, 성공할 수 있다."는 말을 수도 없이 들으며 자랐다. 하지만 현실은 다르다. 대학을 졸업한다고 해서 모두가 성공하는 것도 아니며, 높은 연봉과 안정적인 삶이 보장되는 것도 아니다. 오히려 대학 졸업 후에도 취업난에 시달리며 불안정한 미래를 걱정하는 청년들이 많다.

열현남아 채널에 출연했던 이실로 님의 이야기를 들어 보자. 그는 중학교를 졸업한 후, 고등학교 진학 대신 기술직을 선택했다. 열일곱 살 어린 나이에 곧장 건설 현장으로 가서 타일을 배웠다. 그의 선택은 일반적인 길과는 거리가 멀었다. 대부분의 또래 친구들이 고등학교에 진학해 공부를 할 때, 그는 타일 시공 기술을 배우며 자신의 미래를 만들었다.

이실로 님은 스스로 "공부가 적성에 맞지 않았다."라고 말한다. 학업 성적을 유지하는 것도 힘들었고, 사교육을 따라가는 것도 부담스러웠다. 검정고시로 고등학교 졸업장을 취득하고, 학교 갈 시간에 현장에 나가 타일 기술을 익혔다. 어린 나이에 현장에서 일을 한다는 것이 너무 힘들었지만, 잘 견뎌 내고 지금은 숙련된 타일공으로 활동하고 있다. 월 수익은 500~600만 원 정도이며, 현재 공부가 아닌 기술직을 선택한 것에 대해 만족하고 있다.

실로 님의 이야기가 모든 사람에게 적용되는 것은 아닐 것이다. 너무 어린 나이에 학교를 벗어나 현장으로 가는 것을 권장하는 것은 절대 아니다. 그러나 그는 '공부가 전부가 아니라는 것'을 몸소 증명했다. 세상에는 대학 진학 외에도 수많은 길이 있다. 그리고 그중에는 기술을 배우고, 실력으로 인정받으며 성공할 수 있는 길도 존재한다. 이실로 님의 이야기는 공부가 어려운 사람들에게, 그리고 새로운 길을 고민하는 사람들에게 강한 동기 부여가 될 것이다.

이제는 대학 졸업장이 더 이상 '성공'의 필수 조건이 아니다. 기술을 가진 사람들이 더 높은 연봉을 받고, 경제적으로 안정된 삶을 살아가는 경우도 많다. 즉, 공부를 잘해야만 성공한다는 말은 현실과 맞지 않는다. 오히려 전문 기술을 익혀 현장 기술자로 자리 잡는 것이 더 빠르게 경제적 독립을 이루는 길이 될 수도 있다.

대학의 가치는 변하고 있으며, 현장 기술직은 더 이상 차선책이 아니다. 여기서 오해하면 안 된다. "공부는 필요 없다."는 말이 아니다. 공부는 분명히 중요한 도구다. 하지만 공부를 잘하지 못했다고 해서 인생이 실패하는 것은 아니며, 성공의 길은 다양하다는 점을 강조하고 싶다.

나 역시 다시 과거로 돌아간다고 해도, 현장 기술직을 선택할 것이지만, 학창 시절에는 주어진 공부도 최선을 다했을 것이다. 교양과 학문은 삶을 더 풍부하게 만들고, 세상을 이해하는 중요한 수단이기 때문이다.

공부가 전부는 아니다: 기술이 길을 열다

열현남아 채널에는 다양한 현장 기술직, 즉 '몸 쓰는 일'에 대한 영상이 올라온다. 그런데 아직도 "공부를 못해서 이런 일을 한다."는 댓글이 달리는 걸 보면 안타까운 마음이 든다.

나는 운동선수 출신으로, 솔직히 말해 공부를 잘하는 학생은 아니었다. 하지만 우연한 기회에 방충망 기술을 배우면서 20대 중반부터 월 700만 원 이상의 수입을 올렸다. 당시 내 또래 친구들은 대부분 직장에 다니며 일반적인 월급을 받고 있었지만, 나는 그보다 훨씬 높은 소득을 올리며 경제적 안정감을 느낄 수 있었다.

내 손으로 직접 벌어들이는 돈이 예상보다 많다 보니 삶에 대한 자신감이 커졌고, 미래를 바라보는 시야도 넓어졌다. 그렇게 쌓은 경제적 기반 덕분에 20대 후반이라는 비교적 이른 나이에 세종시에 30평대 아파트를 자가로 구입할 수 있었다. 남들보다 빠른 속도로 자산을 형성하면서, 하고 싶은 일에 더 도전할 수 있는 여유까지 생긴 것이다.

이런 경험을 하고 나니 "공부를 못해서 이런 일을 한다." 는 편견이 얼마나 근거 없는 말인지 새삼 깨닫게 된다. 열현남아 채널에 출연한 여러 기술자를 봐도 학벌이나 스펙이 특별히 뛰어난 경우는 많지 않다. 오히려 '평범한' 사람들이 대부분이다. 하지만 이들은 자신의 기술을 바탕으로 상당히 높은 소득을 올리고 있으며, 좋은 차를 타고 가족과 함께 안정적인 삶을 누리고 있다.

공부 못해서 하는 일? 여전히 남아 있는 편견

그렇다고 해서 이 직업이 '공부를 못한 사람들이 하는 일'이라는 뜻은 절대 아니다. 최근에는 대학을 졸업한 젊은 층도 기술직을 선택하는 사례가 늘어나고 있다. 심지어 좋은 스펙을 갖추고 안정적인 직장에 다니다가 퇴사 후 기술직으로 전향하는 사람들도 많아지는 추세다.

세상은 빠르게 변화했고, 이제 육체노동은 가치 있는 직업이자 삶의 만족도를 높여 줄 수 있는 길이 되었다. 기술직은 더 이상 '어쩔 수 없이 택하는 직업'이 아니라, 충분한 경제적 보상과 안정성을 제공하는 '선택 가능한 길'이다. 세상은 변했고, 성공의 방식도 다양해졌다.

중요한 것은 자신에게 맞는 직업을 찾고, 그 안에서 성장하는 것이다. 반드시 공부를 잘해야 성공하는 시대는 지났다. 기술직이든 아니든, 자신이 선택한 길에서 최선을 다해 도전한다면 그 길이야말로 가장 가치 있는 무대가 될 것이다.

젊음을 무기로 삼으면
일어나는 일들

스물네 살, 내가 기술직에 첫발을 내디뎠을 때, 주변을 둘러보니 또래는 단 한 명도 없었다. 현장에서 만난 동료와 경쟁자들은 대부분 40~50대 중장년층이었고, 삼촌뻘, 아빠뻘 되는 분들과 경쟁하며 일해야 했다. 군대를 갓 전역한 나는 사회 생활 경험이 전혀 없었기에, 기술을 배우는 것뿐만 아니라 그들 사이에서 살아남을 수 있을지 막막했다.

동료와 경쟁자들은 사회 생활 경험을 바탕으로 영업도 열심히 하고, 고객들과 자연스럽게 소통하며 능숙하게 일을 처리하는 모습을 보며 나는 그저 주눅만 들었다. 말주변도 없고 소심한 성격 탓에 어린 청년으로만 보이는 나 자신이 부족하게 느껴졌다. 이 일을 괜히 시작했다는 후회와 함께 포기하고 싶은 마음이 들기도 했다.

하지만 내가 가진 가장 큰 무기는 바로 젊음이었다. 처음에는 부담스러웠던 이 젊음이 점차 나의 강력한 무기로 변하기 시작했다. 고객들은 어린 나이에 작업복을 입고 일하는 나를 기특하게 여겨 주며 "젊은 청년이 참 열심히 사네." 라고 칭찬해 주었다. 그 작은 말 한마디가 나에게는 큰 힘이 되었다. 그리고 나는 여기서 중요한 깨달음을 얻었다. "똑같은 일을 하더라도 누가 어떻게 하느냐에 따라 고객들의 시선이 완전히 달라질 수 있구나."라는 사실을 깨달았다. 똑같은 일을 해도 20대 중반의 내가 하는 것과 50대 중년의 남성이 하는 것은 고객들이 받아들이는 느낌이 전혀 달랐다.

예를 들어, 〈미스터 트롯〉이라는 프로그램을 살펴보자. 이전까지 트로트는 주로 나이 많은 어른들이 즐기는 장르로 여겨졌다. 그러나 이 프로그램을 통해 임영웅, 영탁, 이찬원 등 젊은 가수들이 등장하면서 트로트는 세련되고 남녀노소 누구나 즐길 수 있는 대중적인 장르로 거듭났다.

마찬가지로, 기술직 역시 과거에는 40~50대 중장년층이 주로 담당하는 분야였다. 하지만 최근에는 젊은 세대가 이 분야에 진출하면서 새로운 바람을 일으키고 있다. 젊은 기술자가 작업복을 멋지게 차려입고 일을 하는 모습은 사람들에게 신선한 감동을 주며, "젊은 청년이 참 기특하다." "요즘 힘든 일을 기피하는 경향이 있는데 대단하다."라는 칭찬을 듣게 된다.

사회 초년생이었던 나는 이 과정에서 삶의 노하우를 조금씩 터득해 나갔다. 대다수의 현장직 종사자들이 40대 이상의 중장년층이기 때문에, 복장이나 외모에 크게 신경 쓰지 않는 경우가 많다. 이는 바쁜 일상과 피로에 지친 그들의 상황을 고려하면 이해할 수 있는 부분이다. 하지만 나는 경쟁력을 키우기 위해 매일 아침 현장으로 출발하기 전에 머리를 깔끔하게 손질하고, 고객에게 호감을 줄 수 있는 깔끔한 유니폼을 착용했다. 또한, 신뢰감을 주기 위해 작업 조끼도 입었다.

우리가 소비자의 입장에서 생각해 보면, 집에 무언가를 수리하러 온 기사님이 깔끔한 용모와 전문적인 유니폼을 착용하고 있다면 더 신뢰가 가지 않을까? 만약 내가 젊은 사람들이 많이 일하는 분야에서 일했다면, 나는 그저 평범한 존재였을 것이다. 하지만 젊은 사람이 드문 시장에서 나는 독보적인 존재였고, 그만큼 특별했다.

물론 모든 일에는 장단점이 존재한다. 현장직에서 젊은 사람이 가지는 유일한 단점은 아마도 '신뢰성'일 것이다. 고객들은 종종 "젊은 사람이 과연 제대로 할 수 있을까?"라는 의구심을 품는다. 실제로 경력이나 전문성이 부족해 보일 수도 있다. 하지만 나는 이러한 단점을 극복하기 위해 더욱 부지런하게 노력하고, 항상 배울 자세를 유지했다. 특히 고객들에게 신뢰를 주기 위해 복장과 태도에 각별히 신경을 썼다. 깔끔한 유니폼과 단정한 용모, 예의 바른 태도는 고객들에게 좋은 인상을 심어 주었고, 신뢰를 쌓는 데 큰 도움이 되었다.

이 글을 읽고 오해하지 않았으면 좋겠다. 단순히 젊다고 해서 무조건 성공하는 것은 아니며, 나이가 많다고 해서 실패하는 것도 아니다. 물론 젊을 때 시작하면 여러 면에서 유리한 점이 있지만, 의지력이 약하거나 노력하지 않으면 성공하기 어렵다. 반면에 나이가 많아도 충분한 열정과 노력을 기울이면 얼마든지 성공할 수 있다.

내가 조금 먼저 이 세계를 경험한 사람으로서 말하자면, 20대=현장직이라는 조합만으로 "젊은 나이에 굉장히 열심히 산다."라는 인식을 가지며, 신선하게 바라본다. 이것을 나는 '언매칭'이라고 부른다. 대부분의 사람은 평범한 것보다는 뭔가 색다른 조합을 만났을 때 더 특별하게 느끼고 가치 있게 여긴다. 예를 들어, 열현남아 채널의 조회수를 살펴보면, 높은 조회수를 기록한 영상들은 대부분 20대가 출연한 것임을 알 수 있다.

이러한 경험을 통해 나는 기술직이야말로 젊음을 가진 사람이 더욱 빛을 발할 수 있는 분야라는 확신을 갖게 되었다. 그래서 나처럼 젊은 나이에 이 길을 시작하려는 이들에게 말해 주고 싶다. 당신의 젊음은 이 길에서 가장 강력한 무기라고. 지금도 현장에서 땀 흘리며 열심히 일하고 있을 젊은 청춘들을 진심으로 응원한다.

남들이 기피하는 일 속에
기회가 있다

목수, 도배, 타일, 필름, 페인트, 청소 등과 같은 업종은 일부 사람들에게는 매력적인 직업으로 보일 수 있지만, 대다수의 사람들에게는 힘들고 더러운 3D 직업으로 분류된다. 그러나 나는 단언할 수 있다. 바로 그 남들이 기피하는 일 속에 엄청난 기회가 숨겨져 있다는 사실을.

내가 선택한 직업은 청소업

나는 지금까지 다양한 직업을 경험했고, 화려해 보이거나 멋있어 보이는 일도 해 보았다. 운영 중인 유튜브 채널 열현남아는 구독자 11만 명을 보유하고 있기도 하다. 하지만 현재 가장 몰두하고 있는 일은 청소 사업이다. 사실 청소라는 직업은 사회적으로 낮은 지위로 인식된다.

내가 청소 일을 하겠다고 했을 때, 부모님은 처음으로 내 선택을 반대하셨다. 이전까지는 어떤 일을 하든 믿어주셨지만, 청소업만큼은 받아들이기 어려워하셨다. 대부분의 사람들이 청소를 직업으로 삼는 것에 대해 낮은 사회적 지위, 힘든 노동, 남들이 꺼리는 일이라는 부정적인 이미지를 떠올린다. 부모님도 그런 걱정을 하셨던 것이다. 하지만 결국 내 뜻을 존중해 주셨고, 나는 원하는 청소 일을 마음껏 할 수 있었다.

나는 지금도 부모님의 반대 때문에 몸을 쓰는 현장직을 택하지 못하는 젊은 청년들이 많다는 사실을 잘 알고 있다. 사실 나는 학력도 스펙도 없었기에 청소라는 직업을 선택해도 아쉬울 게 없었지만, 우리 부모님조차 반대하셨던 걸 보면, 조금이라도 학력이 높거나 안정적인 직장을 다닌다면 부모님의 반발이 훨씬 심할 것이라는 걸 알 수 있다.

"이 일을 하고 싶은데 부모님이 반대하신다."라는 댓글을 볼 때마다 마음이 아프다. 나는 부모님뿐만 아니라 사회 전체가 몸 쓰는 직업에 대한 인식을 바꾸길 바란다.

내가 청소를 직업으로 삼아야겠다고 결심한 이유는 단순했다. 남들이 기피하고 더러워하는 일이 돈이 된다는 사실을 깨달았기 때문이다. 이 세상의 불편과 기피 속에는 분명한 가치가 숨어 있으며, 그것을 해결하는 것이 기회가 된다.

사람들은 점점 힘든 일을 하지 않으려 한다

나는 현재 청소업을 운영하며 다양한 청소 서비스를 제공하고 있다. 그중에서도 회사 정기 청소 서비스 시장이 빠르게 성장하는 것을 목격하고 있다. 이제 회사, 병원, 학원 등의 직원들은 청소를 하기 싫어한다. 예전에는 직원들이 회사 내부를 청소하는 것이 당연했지만, 이제는 청소하는 행위 자체가 자신의 가치를 낮춰 보이게 한다는 인식이 생긴 것이다. 대한민국이 선진국이 되면서 사람들은 더 낮아 보이는 일을 하지 않으려 한다. 나는 이러한 현상을 보며 앞으로 청소 서비스에는 더 많은 기회가 있을 것이라고 확신했다.

사람들은 더럽고 지저분한 것을 싫어하고, 직접 손에 묻히는 것도 꺼려한다. 그렇다면 그 불편을 해결해 줄 사람이 필요하다. 바로 그 지점에 기회가 있다.

후드 기름때 청소 전문가 오민수 님

후드 청소 전문가 오민수 님을 소개하고 싶다. 그는 식당 후드 청소를 전문으로 한다. 후드 청소는 청소 업종 중에서도 가장 힘들고, 남들이 기피하는 작업 중 하나다. 오랜 기간 찌든 기름 때가 뚝뚝 떨어지고, 일반인은 쉽게 감당할 수 없는 수준의 오염을 다룬다. 하지만 그는 이 직업을 선택했다.

민수 님이 후드 청소를 선택한 이유는 명확하다. 시간 대비 높은 수익 때문이다. 남들이 더럽고 힘들다고 외면하는 일 속에서 그는 기회를 발견했고, 현재 정기적인 거래처를 확보하며 사업을 성장시키고 있다. 물론 일은 힘들다. 남들이 자는 시간인 새벽에 식당 영업이 끝난 후, 어두운 공간에서 홀로 땀을 흘리며 후드를 청소하는 일은 쉽지 않다. 하지만 그는 "고소득 수익에서 오는 안정감이 크다."고 말한다.

요즘 '금융 치료'라는 말이 있다. 일이 힘들어도 높은 수익이 그 고됨을 상쇄시킨다는 의미다. 그는 힘들지만, 경제적인 안정과 여유를 얻으며 삶에 만족하고 있다.

건설 현장에는 '곰방'이라는 작업이 있다. 벽돌이나 시멘트 같은 무거운 자재를 계단으로 운반하는 아찔한 일이다. 곰방은 건설 현장에서도 체력적으로 가장 힘든 작업 중 하나다. 하지만 이렇게 힘든 일에는 그만한 보상이 따른다.

곰방하는 청년 곰방 브라더스 강병태 님

곰방 전문가 강병태 님은 우연한 기회에 단순 아르바이트로 곰방 일을 시작했다가, 어느새 이를 자신의 천직으로 삼았다. 처음에는 "그냥 잠깐 용돈이나 벌겠다."는 생각이었지만, 막상 일을 해보니 짧은 작업 시간에도 꽤 높은 수익이 보장된다는 사실을 깨달았다.

그는 "몸이 고되지만, 시간 대비 소득이 워낙 좋아서 도저히 그만둘 수가 없다."고 솔직하게 말한다. 곰방 한 건의 평균 일당은 20만 원, 작업 시간은 약 3시간 정도다. 하루에 두 건을 맡으면 단 하루 만에 40만 원을 벌 수도 있으니, 일반적인 사무직과 비교하면 훨씬 높은 효율을 자랑한다.

물론 몸이 힘들 때도 많다. 곰방 작업은 특성상 무거운 장비를 다루고, 먼지와 분진이 날리는 환경에서 장시간 일해야 할 때도 있다. 그럼에도 불구하고 직업에 대한 만족도가 높아, 결국 친동생까지 불러 '곰방 브라더스'라는 상호를 내걸고 함께 일하기 시작했다. 지금은 형제의 끈끈한 호흡을 바탕으로 더 많은 의뢰를 소화하며, 서로 의지하고 성장해 나가고 있다.

남들이 기피하는 직업에 종사하는 작업자들이 공통적으로 하는 말은, 너무 일이 고되고 힘들어도 금전적인 보상이 그것을 상쇄해 준다는 것이다.

편리함을 추구하는 시대: 불편함을 감수하면 돈이 된다

우리 사회는 점점 더 편리함과 품위를 추구한다. 대한민국은 잘사는 선진국이 되었고, 예전처럼 절약하며 악착같이 사는 세대는 지나갔다. 사람들의 귀차니즘은 강해지고, 더럽고 힘든 일은 더 기피하는 현상이 커지고 있다. 하지만 이 사회에서 남들이 꺼리는 일은 더 이상 낮은 지위의 상징이 아니다. 오히려 그것은 삶의 안정과 성공을 이루기 위한 디딤돌이 될 수 있다.

나는 이러한 메시지를 유튜브 콘텐츠를 통해 더 많은 사람에게 전하고 싶다. 3D 업종, 기술직, 현장직에 대한 편견이 사라지고, 더 많은 사람이 그 가치를 깨닫기를 바란다.

지금 직업 선택을 고민하고 있다면, 남들이 기피하는 일을 두려워하지 말라. 그 안에 기회와 가능성이 있다. 돈을 벌기 위해서든, 삶을 안정시키기 위해서든 중요한 것은 내가 선택한 일을 어떻게 받아들이고 활용하느냐다. 나는 몸을 쓰는 일을 통해 기적을 경험했다. 더럽고 힘든 일 속에서 나만의 길을 찾았고, 보람과 성취를 얻었다. 이제 당신 차례다. 남들이 외면하는 길에 진정한 가치가 있을지도 모른다. 그 기회를 잡을지 말지는 오롯이 당신의 선택에 달려 있다.

4장

일할 권리를
찾아서

청년들이 무기력에
빠지는 이유

현대 사회에서 청년들이 무기력과 방황에 빠지는 모습은 더 이상 낯설지 않다. 통계에 따르면 청년 실업자가 70만 명을 넘어섰고, '포기 세대'라는 단어가 당연히 받아들여지는 시대가 되었다. 꿈을 꾸고 사회에 기여할 이들이 왜 이렇게 무기력에 빠졌을까? 이는 단순한 개인의 문제가 아니라 사회적, 경제적 요인이 얽힌 복합적인 문제다.

나는 청년들이 무기력에 빠지는 심리적 배경에는 사회적인 압박이 굉장히 크게 작용했다고 생각한다. 지금 일을 쉬고 있는 대다수의 청년들은 공부를 오래 한 친구들일 것이다. 대부분의 청년들은 대학교를 포함하면 16년 동안 공부하는 삶을 살게 된다. 최소한 고등학교까지는 내 의지가 아니어도 12년을 공부한다. 그들의 목표는 단 하나로 압축된다. 좋은 대학교에 진학하고, 좋은 회사에 취업하는 것. 이러한 구조는 오랜 시간 동안 사회적으로 성공의 기준으로 자리 잡아 왔다.

차가운 벽 앞에 무너지는 청년들

하지만 현실은 냉정하다. 모두가 좁은 경쟁의 문을 통과할 수는 없다. 목표를 이루지 못한 이들은 상실감과 좌절에 빠지고, 결국 무기력에 갇힌다. 그러나 나는 청년들에게 이렇게 말하고 싶다. "세상은 생각보다 넓고, 도전할 수 있는 길은 다양하다." 꼭 대기업이나 공무원이 아니더라도 자신의 길을 찾아 나갈 수 있다. 계속 안 되는 걸 붙잡고 있어 봐야 무기력만 길어질 뿐, 내 삶은 나아지지 않는다. 그리고 냉정히 말하자면, 현실적으로 내 수준에 맞는 일을 하는 것이 정말 중요하다고 생각한다. 많은 청년이 일자리를 찾지 못하고 방황하는 이유 중 하나는, 너무 높은 기준을 설정하고 있기 때문이다. 우리가 눈을 조금만 낮추면 생각보다 세상에 할 일은 많다.

그리고 또 일을 쉬고 있는 친구들 중에는 아직 적성에 맞는 일을 찾지 못해서 쉬는 경우도 많다고 본다. 아직 사회 생활 경험이 많지 않다 보니 본인의 미래 선택지에 회사를 들어가는 것밖에 없는 친구들도 많다. 내 유튜브 채널 댓글에는 이런 댓글들이 정말 많다. "이런 직업이 있는지도 몰랐는데, 영상을 보고 처음 알게 됐어요." "기술직으로 첫 출근을 했는데 생각보다 너무 잘 맞아요." 이런 댓글들을 정말 많이 볼 수 있다. 끊임없이 치솟는 집값과 물가, 불안정한 고용 환경 등 경제적 현실은 청년들의 발목을 잡고 있다. '꿈을 찾고 이루는 것'이 아니라 '생존 자체'를 고민해야 하는 세대가 된 것이다.

여기에 더해 SNS와 미디어는 또 다른 문제를 낳았다. 다른 사람들의 화려한 일상과 성취를 보며 상대적 박탈감을 느끼는 청년들은 "나만 뒤쳐지고 있다."는 생각에 더 깊은 무기력에 빠진다. 이렇게 복합적인 문제 속에서 청년들은 스스로의 길을 찾지 못하고 방황하며 멈춰 선다.

모든 직업에는 그 직업만의 가치가 있다. 내 경험에 비추어 볼 때, 현실에 맞는 작은 성공부터 시작하는 것이 중요하다. 나 또한 운동선수로서의 꿈을 접고 방황했지만, 내 수준에 맞는 일부터 시작하며 자신감을 쌓아 나갔다. 스스로가 "할 수 있다."는 믿음을 가질 때, 비로소 더 큰 기회가 열리기 마련이다. 나는 지금 쉬고 있는 청년들 중에 정말 잠재된 능력이 높은 친구들이 많다고 생각한다. 오히려 다른 일을 하면 훨씬 더 잘될 수 있는데, 하나의 길에만 목을 메고, 그 길이 막히자 본인의 잠재력을 닫아 버리는 이런 현상들이 너무 안타깝다.

청년들에게 중요한 것은 기존의 성공 기준에 얽매이지 않는 것이다. 몸 쓰는 일이든 현장 기술직이든 자신에게 맞는 길에서 시작해도 괜찮다. 작은 성공은 자신감을 키우고, 그 자신감은 더 나은 선택과 도전을 가능하게 한다. 기술직과 같은 분야는 특히 빠르게 성취를 느낄 수 있는 기회를 제공하기에 추천하고 싶다.

청년들은 나라의 미래를 책임질 세대이다. 무기력에서 벗어나 다시 움직이기 위해서는 사회적 지원도 필요하다. 다양한 길을 인정하는 문화와 새로운 기회를 제공하는 구조가 필요하다. 하지만 무엇보다도 중요한 것은 청년 스스로가 움직이는 용기다. 변화는 작은 발걸음에서 시작된다. 눈높이를 조금 낮추고 첫걸음을 내디딜 때, 삶은 의외로 다양한 가능성을 보여 준다. 청년들이 다시 도전하고 꿈꿀 때, 그 열정은 사회를 더 나은 방향으로 이끌 수 있다. 세상은 넓고, 기회는 끝이 없다. 지금, 바로 시작할 때다.

3040, 안정적인 직장과
새로운 도전 사이의 갈등

30~40대는 인생에서 가장 중요한 시기다. 어느 정도 경력을 쌓았고, 가정을 꾸려야 하는 시점이기도 하다. 하지만 동시에 직장 생활의 현실적인 한계를 깨닫게 되는 시기이기도 하다.

직장인으로서 월급만으로 생계를 이어가는 것이 과연 미래를 보장할 수 있을까? 많은 이들이 이 질문을 던지며 고민에 빠지게 된다. 그중에서도 30~40대는 안정된 직장에 대한 고민과 새로운 도전을 해야 하는지에 대한 갈등이 가장 큰 시기다. 직장 생활에서 얻는 월급은 점차 불안해지고, 가족을 부양해야 할 책임이 생기면서 그 부담감은 더욱 커진다. 이 월급만으로는 내 가족과 미래를 책임질 수 있을까? 20, 30년 후에도 안정적으로 이 일을 계속할 수 있을까?

직장인 월급으로는 불안한 미래

현대 사회에서 일반 직장인의 월급만으로는 미래를 온전히 보장받기 어렵다는 현실은 많은 사람의 고민거리가 되고 있다. 과거에는 정해진 월급을 받고 일을 하면 안정된 삶을 살 수 있다고 믿었지만, 지금은 달라졌다. 생활비와 자녀 교육비, 그리고 점점 치솟는 집값과 물가 속에서 월급만으로는 경제적 안정을 유지하기가 쉽지 않다. 그렇다 보니 많은 사람이 퇴근 후 배달을 하거나 부업과 투잡을 병행하며 추가적인 수입을 얻으려 한다. 심지어 온라인에서 새벽 청소 아르바이트 구직 글만 올려도 지원자는 수십 명에 달하는 상황이다.

이러한 고민 속에서 직장 생활을 그만두고 새로운 길을 선택한 사람들이 점차 늘어나고 있다. 그들은 기존의 직장 생활이 주는 한계를 깨닫고, 자신만의 길을 개척하기 위해 퇴사를 결심한 사람들이다. 안정적인 월급을 받으며 살아온 직장인들이 왜 갑자기 그런 결단을 내리게 되었을까?

농협은행 퇴사 후 에어컨 청소 기술자가 된 문원상 님

37세의 에어컨 기술자 문원상 님의 이야기를 나누고자 한다. 원상 님은 누구나 알 법한 큰 은행인 농협에서 오랜 기간 은행원으로 근무했다. 그야말로 평범하게 안정적인 월급을 받으며 살아갔다. 그러나 시간이 흐르면서 원상 님은 "내가 이렇게 살아야 할 이유가 무엇일까?"라는 의문을 품기 시작했다. "20년을 다녀도 미래가 뻔히 보일 것 같았고, 그 뻔한 미래에 대한 불안감이 점점 커져 갔다." 그는 이렇게 느끼며, 쉬는 날마다 친구를 따라다니면서 알바처럼 에어컨 청소 일을 접하게 되었다고 한다. 그렇게 은행에서의 안정된 직장 생활을 그만두고, 친구와 함께 청소 일을 시작하게 된 것이다.

처음에는 주변에서 모두 그를 비웃었다. "왜 좋은 직장을 그만두고 청소 일을 하냐?"며 이해할 수 없다는 반응이 대부분이었다. 하지만 원상 님은 자신감과 확신이 있었다. 그는 퇴사를 결심하고 청소 일을 하면서 더 큰 만족을 느꼈다. 월급을 받는 안정적인 삶보다는 매일 직접 손으로 일을 하며 느끼는 성취감과 자유로움이 훨씬 더 큰 만족을 주었다고 한다. 현재 원상 님은 은행원 시절보다 훨씬 더 많은 수익을 올리고 있으며, 그보다 중요한 것은 일을 하며 느끼는 자부심과 여유로움이라고 한다.

삼성 퇴사 후 필름 기술자가 된 이인석 님

인테리어 필름 기술자 이인석 님의 이야기를 보자. 그는 삼성

제일모직이라는 안정적인 회사에서 일했다. 입사 후, 대부분 동료들과 주변 사람들의 부러움을 샀다고 한다. 그러나 시간이 지나면서 그는 직장 생활에서 오는 불안감을 느끼기 시작했다. "내가 이 회사의 기계인가?"라는 질문을 던지며 직장에 대한 의문이 커져 갔다고 한다. 직장생활을 계속하면서 자신의 인생의 그래프가 조금씩 보이기 시작했다고 했다.

인석 님은 결국 직장을 그만두고 인테리어 필름 기술자의 길을 선택했다. 이제 그는 그 선택을 전혀 후회하지 않으며, 직장 생활에서 느끼지 못했던 행복감을 매일 느끼고 있다고 한다. 기술직에서 느끼는 자아실현과 만족감은 월급을 받으며 일하던 직장 생활보다 훨씬 크다고 한다. 이인석 님은 자기가 주도하는 삶을 살아가는 것이 얼마나 중요한지를 깨닫게 되었다. 안정적인 직장이 반드시 내 인생을 행복하게 만들어 주지는 않음을, 그는 직접 경험하며 알게 되었다.

열현남아 유튜브 채널을 운영하면서 수많은 댓글과 고민 메일을 받는다. 20~30대 청년층뿐만 아니라, 30~40대 가정을 꾸린 남성들의 고민도 자주 접하게 된다. 그들은 대부분 현재 직장으로는 가정을 챙기기에 부족할 것 같다는 생각에 고민한다고 한다. 어떻게 보면, 한 평생 공부를 열심히 해서 들어간 직장이 내 미래를 보장하지 못한다는 사실은 참 씁쓸하고 가슴이 먹먹할 것이다.

30~40대는 이미 많은 경험을 쌓은 나이대다. 그만큼 삶에 대한 통찰과 직장 생활에 대한 이해도가 높아진 시기이기도 하다. 나는 개인적으로 20대에 빠르게 시작하는 것이 좋다고 생각하지만, 30~40대는 또 그만의 연륜과 경험이 있기 때문에 그걸 무시할 수 없다고 생각한다. 오히려 이 시기에 도전하는 것이 더 많은 기회를 만들어 낼 수 있다고도 믿는다.

이 책을 보는 독자들, 그리고 열현남아 채널의 구독자들 중에는 이런 고민을 가진 사람들이 정말 많을 것이다. 어느 것이 정답인지는 모른다. 괜히 안정적인 직장을 퇴사하고 새로운 도전을 했다가 실패하는 사람들도 있을 것이다. 실패에 대한 책임은 온전히 내가 져야겠지만, 그래도 한 번 사는 인생, 이 정도의 도전은 해볼 만하지 않을까 싶다.

그렇다고 "사무직이 무조건 나쁘다."는 말은 아니다. 누구나 성향이 다르고, 큰 수익보다는 안정적인 월급을 받으며 사는 인생이 정답일 수도 있기 때문이다. 나는 그런 성향을 가진 사람들도 존중하며, 그 상황에 맞게 절약하고 잘 살면 된다고 생각한다.

하지만 지금 이 글을 보며 가슴이 끓는 사람들도 있을 것이다. 안정적인 직장이 아닌, 다른 분야에 도전을 해서 내 수익도 더 높이고 삶에 더 큰 도전을 원하는 사람 말이다. 현실적으로 너무 늦은 나이가 되면 새로운 도전을 하기가 쉽지 않을 수 있다. 하지만 30~40대라면 충분히 새로운 도전을 할 수 있는 시기라고 생각한다. 실패를 감내할 수 있는 현실적인 상황과 용기가 있다면, 현실에 안주하기보다는 새로운 도전을 하는 것을 나는 응원한다.

여성 기술자의 시대:
경력 단절 고민 타파

여성들이 현장 기술직을 선호하는 이유

과거 사회에서는 여성이 주로 사무직이나 서비스업에 종사해야 한다는 고정관념이 뿌리 깊었다. "여자는 힘들지 않은 일을 해야 한다."는 말은 여성들의 직업 선택을 제한하는 벽이 되었고, 기술직은 남성의 영역이라는 인식이 자연스럽게 퍼져 있었다. 그러나 시대는 변했다. 여성들은 더 이상 정형화된 직업군에 머무르지 않고, 다양한 기술직에 도전하며 활약하고 있다. 이제는 남성과 여성을 구분 짓지 않고 자유롭게 자신의 길을 개척할 수 있는 환경이 조금씩 조성되고 있다.

최근 여성들이 기술직에 관심을 가지는 이유는 단순히 새로운 직업에 대한 호기심만은 아니다. 진정한 평생 직업으로서의 가치를 놓고 판단 후 기술자의 길을 선택하는 여성들이 늘어나고 있다. 이제 여성들은 단순히 생계를 위한 노동을 넘어서, 전문성을 쌓고 장기적인 커리어를 형성할 수 있는 직업으로 기술직을 바라보기 시작한 것이다.

하지만 여성들에게 기술직이 쉬운 길만은 아니다. 체력적 부담이나 남성 중심적인 현장 분위기, 기존의 편견 등 넘어야 할 장벽들이 여전히 존재한다. 그러나 요즘의 기술직은 단순히 힘만 쓰는 일이 아니라, 창의력, 전문성, 세심한 접근이 요구되는 분야가 많다. 예를 들어 도배, 필름, 페인트 시공과 같은 작업은 미적 감각과 세밀한 마감 처리가 중요하다. 이렇게 높은 수준의 섬세함과 꼼꼼함이 요구되는 분야에서는 여성 기술자들의 두각이 더욱 뚜렷하다. 기술직은 단순히 힘만 쓰는 일이 아니라 다양한 전문 기술과 창의력이 요구되는 직업이다.

열현남아 채널에 출연한 최봉석 님은 보기 드문 여성 시멘트 조각사다. 원래 봉석 님은 미대를 졸업하고 미술학원에서 입시 강사로 일하던 평범한 미술 전공자였다. 그러다 우연히 벽화 작업 아르바이트를 통해 현장 일을 처음 접하게 됐다. 미술과는 전혀 다른 세상일 줄 알았던 작업 현장이 의외로 자신과 너무 잘 맞았다. 이후 봉석 님은 벽면을 아름답게 조각하는 '시멘트 조각'이라는 특수 분야를 알게 되었고, 그 길을 걷게 됐다.

시멘트 조각은 벽이나 공간을 일반 시멘트로 마감하는 것이 아니라, 시멘트를 예술적으로 조각해 나무, 바위, 벽화 같은 독특한 무늬와 형상을 만드는 작업이다. 그 공간만의 특별한 분위기를 만들어 주는 기술과 예술이 결합된 일인 셈이다. 초창기에는 대중화되지 않아 생활고를 겪기도 했지만, 시간이 지나 봉석 님의 작품이 알려지기 시작했다. 봉석 님은 사람들의 입소문을 타고 점점 많은 현장에 불려 다니는 기술자가 되었고, 이제는 전국을 돌아다니며 멋진 공간을 완성하는 전문가로 자리 잡았다.

봉석 님은 이렇게 말한다. "기술직은 단순히 힘만 쓰는 일이 아니에요. 섬세함과 예술적인 감각이 필요한 일이에요. 저는 매 순간 더 나은 작품을 만들기 위해 끊임없이 고민하고 노력해요." 그의 말처럼, 기술직은 거친 일처럼 보일 수 있지만 그 안에는 장인 정신과 예술, 창의성이 살아 숨 쉬고 있다. "여성도 충분히 기술직에서 빛날 수 있다."는 것을 몸소 보여 주는 사례다.

경력 단절을 피할 수 있는 기술직

여성들은 특히 임신과 출산, 육아로 인한 경력 단절이라는 큰 장벽을 마주한다. 출산 후 많은 여성들이 일을 잠시 쉬거나 경력이 단절되면서 다시 일자리로 돌아가는 데 어려움을 겪는다. 이러한 현실 속에서 기술직은 여성들에게 새로운 가능성을 열어 주는 강력한 무기가 될 수 있다.

기술직의 장점 중 하나는 유연성이다. 앞서 말했듯, 기술직은 자신의 스케줄을 조정하기 쉬운 직종이다. 육아를 병행해야 하는 여성들에게는 이 점이 매우 매력적이다. 예를 들어, 아이가 아프거나 갑작스러운 일이 생겼을 때, 기존의 사무직이나 정해진 근무 시간에 얽매인 직종보다 더 유연하게 대처할 수 있다. 이는 일과 가정을 동시에 챙겨야 하는 여성들에게 큰 장점으로 작용한다.

또한 기술은 한 번 익히면 시간이 지나도 사라지지 않는 자산이 된다. 사무직이나 특정 직군에서는 몇 년간 일을 쉬면 다시 복귀하기 어려운 경우가 많지만, 현장 기술직은 경력이 단절된 여성도 기술을 보유하고 있다면 언제든 다시 현장으로 돌아갈 수 있다. 아이가 어느 정도 자란 후 재취업을 고려할 때, 기술직은 자신만의 전문성을 살려 쉽게 복귀할 수 있는 안정적인 선택지가 된다. 이는 사무직과 달리, 오랜 공백기가 있어도 실무 능력만 유지하면 재취업에 큰 문제가 없는 기술직의 특성 때문이다.

물리치료사를 그만두고
에어컨 청소 일을 하는 윤수리 님

열현남아 채널에 출연한 윤수리 님의 이야기다. 수리 님은 결혼 전 물리치료사라는 안정적인 직업을 가지고 있었다. 하지만 출산 후 육아를 병행해야 하는 현실 앞에서 직장생활을 계속하기 어려워졌고, 결국 경력 단절을 경험했다. 다시 일자리를 찾으려고 했지만, 아이를 돌봐줄 사람이 없어 직장으로 복귀하는 것이 쉽지 않았다. 그래서 남편과 함께 에어컨 청소 일을 시작하게 되었고, 예상보다 만족도가 높았다.

"처음에는 이 일을 할 수 있을까 걱정이 많았어요. 하지만 막상 해 보니 체력적으로도 충분히 할 수 있었고, 경제적으로도 만족스러웠습니다." 에어컨 청소 기술자는 고객과 일정을 조율할 수 있어 육아와 병행하기 큰 부담이 없었다. "직장 생활을 할 때는 스케줄을 마음대로 조절할 수 없었지만, 지금은 고객과 시간을 맞추며 일할 수 있어 육아와 병행하기가 수월합니다."

이처럼 기술직은 자신의 상황에 맞게 유연하게 스케줄을 조정할 수 있는 직업이라는 점에서 여성들에게 특히 매력적인 선택지가 되고 있다.

육아와 경제 활동을 병행해야 하는 현실은 여전히 여성들에게 많은 부담을 준다. 하지만 기술직은 이러한 부담을 덜어 주고, 자신의 삶을 유연하게 계획할 수 있는 기회를 제공한다. 기술을 바탕으로 일과 육아를 병행하며 지속적으로 경제 활동에 참여할 수 있다는 점은, 특히 경력 단절로 고민하는 여성들에게 희망적인 선택지다.

여성들의 기술직 참여가 증가하면서, 기존의 고정관념도 점점 깨지고 있다. 과거에는 기술직이 남성 중심의 직업군으로 인식되었지만, 이제는 여성들도 적극적으로 도전하며 새로운 길을 열어 가고 있다. 단순히 '여성이라서 적합하다'가 아니라, '자신의 능력과 열정으로 성공할 수 있는 직업'이라는 인식이 확산되고 있는 것이다.

이제 남성과 여성을 구분 짓지 않고, 모든 사람이 자신의 능력과 열정을 바탕으로 원하는 분야에서 활약할 수 있는 사회를 만들어야 한다. 경력 단절과 육아라는 현실적인 벽을 넘어서, 여성들도 기술직에서 중요한 역할을 맡으며 경제적, 사회적 성장을 이루어 갈 수 있다. 남성과 여성의 구분 없이, 더 많은 이가 자신의 가능성을 실현할 수 있는 환경이 되기를 기대한다.

사무직 vs 현장직:
몸 쓰는 일, 해 보지 않으면 모른다

우리는 흔히 직업을 사무직과 현장직으로 나누곤 한다. 많은 사람이 사무직을 선호하며, 현장직은 '힘들고 고된 일'이라는 고정관념을 갖고 있다. 하지만 실제로는 사무직과 현장직 모두 각자의 고충과 보람이 있으며, 어떤 직업이 더 우월하다고 단정 지을 수 없다. 중요한 건 자신에게 맞는 일을 찾는 것이다.

사무직은 쾌적한 환경과 안정성 덕분에 선호되는 직군이다. 또한, 사무직은 '화이트칼라'라는 이미지와 함께 깔끔하고 말끔한 느낌을 주며, 사회적 지위와 안정성에서 더 높은 평가를 받는 경향이 있다. 많은 사람은 사무직이 체력적으로 덜 힘들다고 생각한다. 그래서 사무직의 장점이 더 많다고 여겨 선호하는 경우가 많다.

하지만 보이는 것이 전부는 아니다. 장시간 앉아 있는 생활은 거북목, 허리 디스크와 같은 신체적 문제를 야기할 수 있으며, 손목 터널 증후군 같은 신체적 고충도 발생할 수 있다. 반복되는 업무와 높은 정신적 스트레스 또한 문제다. 사무직도 신체에 무리가 갈 수밖에 없으며, 100% 올바른 자세로 앉는 사람은 극히 드물다. 그래서 사무직 종사자들도 여러 신체적 불편함을 경험한다.

반면, 현장직은 육체적인 노동을 포함하기 때문에 '힘들고 고된 일'이라는 이미지를 준다. 건설 현장에서 무거운 장비를 다루거나, 덥고 추운 야외에서 일하는 것이 힘들어 보이기 때문에 많은 사람이 자신과는 거리가 먼 일이라고 생각한다. "나는 절대 못 해." "너무 힘들고 몸이 망가질 것 같아."라는 반응은 현장직에 대한 흔한 반응이다. 그래서 겉보기에도 사무직보다 훨씬 힘들어 보인다.

하지만 몸을 쓰는 일 역시 사무직과는 다른 보람과 장점을 가지고 있다. 특히 꾸준한 활동량은 체력과 건강 유지에 도움이 되며, 현장에서 만들어 낸 결과물에 대한 성취감도 분명히 존재한다. 가장 큰 단점은 추울 때는 추운 데서, 더울 때는 더운 데서 일하는 환경적 요인이다. 한겨울 한파 속에서 일하거나 한여름 뜨거운 폭염 아래에서 일하는 것은 말도 안 되게 힘든 일이다. 그러나 본인이 몸 관리를 잘 할 수 있는 체력과 노하우가 생긴다면, 야외에서의 작업도 큰 무리 없이 진행할 수 있다.

현장 기술직은 단순히 '몸 쓰는 일'이 아니다. 이는 숙련된 기술과 전문성이 요구되는 직업으로, 경험과 노하우를 통해 자신만의 길을 열 수 있는 가능성을 제공한다. 예를 들어, 기술직에 종사하는 사람들은 실질적인 성취감을 느끼고, 사무직에서는 얻기 어려운 손에 잡히는 결과물을 통해 만족감을 얻는다. 또한 신체적으로 더 자유롭게 움직이며 정신적 스트레스가 적다는 점도 장점이다. 현장직은 '몸이 망가지는 일'이라는 부정적인 편견이 있지만, 이는 지나치게 단편적인 시각이다.

나 역시 20대 때부터 현장직에서 일하며 커리어를 쌓았다. 최근에는 유튜브를 운영하고, 컴퓨터 앞에서 작업하는 시간이 많아지면서 사무직과 비슷한 생활을 병행하고 있다. 두 가지 경험을 비교해 보면 각 직업이 주는 고충과 보람이 얼마나 다른지 알 수 있다. 현장 일을 할 때는 힘든 부분도 있지만, 몸을 계속 움직이니 활력도 생기고 체력도 좋아졌다. 일찍 일어나야 하기 때문에 규칙적인 생활이 가능했고, 하루 종일 부지런히 움직이기 때문에 다이어트에도 효과가 있었다. 반대로, 컴퓨터 앞에서 사무 일을 하면 한 달이 지나면 배가 볼록 나온다. 활동량이 적으니 실제로 살도 더 찐다.

아직은 대한민국이 사무직보다는 현장직, 특히 몸을 쓰는 일에 대해 가치를 낮게 평가하고 부정적인 인식을 가지고 있는 것은 사실이다. 하지만 결국 사무직과 현장직을 단순

비교하며 우열을 따질 필요는 없다. 두 직업 모두 사회를 유지하는 데 없어서는 안 될 중요한 역할을 한다. 중요한 것은 자신이 어떤 일을 즐길 수 있고, 오래 지속할 수 있는지 아는 것이다. 현장 기술직을 포함해 어떤 직업이든 존중받아야 하며, 각자의 적성에 맞는 선택이야말로 진정한 성공으로 가는 길이다.

현장 기술직에 대한 부정적인 인식을 벗어나, 이 직업이 가진 긍정적인 면을 재조명할 필요가 있다. 자신의 손으로 성취를 이루고, 그 과정에서 성장하며, 삶의 만족감을 느끼는 것은 그 어떤 직업에서도 얻을 수 있는 가장 큰 보람이다. 더 많은 사람이 편견을 버리고, 몸을 써서 하는 일 역시 당당한 선택이라는 것을 기억했으면 한다.

기술직, 적성에 맞을까?
진로를 고민하는 당신에게

"저도 사실 기술직에 관심은 있는데, 저랑 맞을까요?" "괜히 시작했다가 적성에 안 맞아 후회하면 어쩌죠?"

현장 기술직을 이야기할 때 가장 많이 받는 질문 중 하나다. 특히 기술직을 고민해 본 사람들은 "적성"이라는 단어 앞에서 쉽게 결정을 내리지 못한다. 한 번도 몸을 써서 일해본 적 없는 사람이라면 더 깊은 고민에 빠질 수밖에 없다.

그 마음을 충분히 이해한다. 적성에 맞지 않는 일을 했다가 시간과 돈만 날리는 경우도 있기 때문이다.

적성, 정말 그렇게 중요한 걸까?

하지만 정말로 적성이 그렇게 중요한 걸까? 어느 순간부터 우리는 '적성'이라는 말을 너무 무겁게 받아들이고 있다. 마치 적성에 맞아야만 그 일을 할 수 있고, 적성에 안 맞으면 절대 하면 안 되는 것처럼 말이다. 하지만 나는 이렇게 말하고 싶다. "해 보기 전에는 적성을 모른다. 그리고 적성은 만들어지는 것이다."

많은 사람이 "내가 진짜 좋아하는 일을 찾아야지."라고 생각한다. 하지만 그렇게 좋아하는 일을 찾느라 정작 아무것도 시작하지 못하는 경우가 많다. 기술직도 마찬가지다.

덥고, 춥고, 극한의 환경 속에서 몸을 써야 하는 일. 그렇다 보니 처음부터 적성에 맞아서 시작하는 사람은 거의 없다. 그런데 재미있는 건, 내가 아는 기술자들 중에는 이 직업을 '천직'이라고 말하는 사람들이 많다는 점이다. 하지만 그들도 처음부터 적성에 맞았던 것은 아니다.

대부분 처음에는 힘들었고, 서툴렀고, '내가 이걸 계속할 수 있을까?' 고민하면서 시작했다. 그럼에도 불구하고 하루하루 버티고, 배우고, 실력이 쌓이면서 어느 순간부터 '할 수 있는 일'이 되었다. 그리고 그때부터 조금씩 재미가 생기기 시작한다.

재미가 생기면 일을 더 열심히 하게 되고, 일을 더 열심히 하면 당연히 잘하게 된다. 그러면 경제적인 보상이 따라온다. 그렇게 쌓인 과정들이 반복되면서 결국, 내가 잘하는 일이 곧 내가 좋아하는 일이 된다.

적성은 만들어지는 것

물론, 모든 사람이 다 몸 쓰는 일을 잘할 수 있는 것은 아니다. 누구에게나 기술직이 꼭 맞는다고 말하고 싶지는 않다. 어떤 사람에게는 이 일이 적성에 맞지 않을 수도 있고, 몸을 쓰는 일이 생각보다 훨씬 힘들게 느껴질 수도 있다. 현장에서 부딪히는 여러 상황들이 벅찰 수도 있다.

하지만 정말 중요한 건, 내 적성이 무엇인지, 나에게 맞는 일이 무엇인지, 해 보기 전까지는 절대 알 수 없다는 사실이다. 겉으로 보기엔 멋있어 보여서 시작했는데 막상 해 보니 안 맞을 수도 있고, 반대로 처음엔 나랑 안 맞을 것 같아 피했는데 생각보다 잘 맞을 수도 있다. 적성이라는 것은 머릿속으로 고민해서 찾는 것이 아니라, 직접 몸으로 부딪히고 경험해야 비로소 알게 된다.

처음부터 "이게 내 적성이야!" 하고 단번에 알 수 있는 사람은 거의 없다. 대부분의 사람은 한 번쯤 해 보고, 부딪혀 보고, 시간이 지나면서 조금씩 깨닫게 된다.

아직 해 보지도 않고 "나한테는 아마 안 맞을 거야." "나는 못 할 거야."라고 생각하는 것은 자기 가능성을 미리 포기하는 것과 다르지 않다. 어쩌면 그 일이 내 인생을 바꿀 수도 있는데, 시작조차 하지 않고 포기하는 것은 너무 아쉬운 일 아닐까?

기술직이 적성에 맞을지 아닐지는 해 보지 않고는 아무도 모른다. 하지만 확실한 건, 해 본 사람만이 그 길을 가질 수 있다. 후회하지 않으려면, 적어도 한 번은 부딪혀 보자. 기술은 몸에 남고, 그 경험은 평생 당신의 무기가 될 것이다.

기술 배우면 밥은 굶지 않는다:
2030 청년들의 기술직 진출

"기술 배우면 밥은 굶지 않는다."는 말은 오랜 세월 한국 사회에서 전해 내려온 진리다. 기술을 가진 사람은 어디서든 자신의 능력으로 생계를 유지할 수 있었고, 이는 특히 경제적 어려움이 심했던 시절 더욱 중요한 생존의 기반이 되었다. 과거에는 기술이 단순히 먹고살기 위한 수단으로 여겨졌지만, 이제는 기술의 의미가 단순한 생존을 넘어 안정적인 삶과 개인의 성장을 이루는 강력한 도구로 자리 잡고 있다.

젊어지는 현장 기술자들

최근 들어 2030 청년들이 기술직에 관심을 가지며 노동시장에 활발히 진입하고 있다. 과거에는 대학 졸업 후 사무직이나 서비스업 등 화이트칼라 직종을 선호하며 기술직을 외면했던 경향이 컸지만, 이제는 기술을 통해 하루라도 빨리 몸값을 높이고 자신만의 길을 개척하려는 청년들이 늘어나고 있다. 이러한 변화는 단순한 우연이 아니다. 급변하는 사회 속에서 청년들은 더 이상 안정적인 직장이 보장되지 않는다는 사실을 체감하고 있으며, 이에 따라 빠르게 기술을 습득해 자신의 경쟁력을 높이는 방향으로 나아가고 있다.

특히 유튜브와 같은 미디어가 이러한 변화에 큰 역할을 했다. 과거에는 기술직의 현실을 제대로 알기 어려웠고, 기술을 배우는 것이 어떤 의미인지 알 수 있는 정보가 제한적이었다. 하지만 이제는 유튜브와 SNS를 통해 실제 경험담을 쉽게 접할 수 있고, 이를 통해 기술직이 가진 가능성과 매력을 더욱 현실적으로 이해할 수 있게 되었다. 기술을 배운 사람들이 자신의 삶을 어떻게 변화시켰는지, 얼마나 빠르게 경제적 자립을 이루었는지를 직접 눈으로 보면서 청년들은 기술직에 대해 새로운 시각을 가지게 된 것이다.

열현남아 채널의 출연진들만 보더라도 이러한 변화는 뚜렷하게 나타난다. 3년 전만 해도 20대 초반의 기술자들은 거의 없었다. 중년층의 기술자들이 주를 이뤘다. 하지만 최근에는 2000년대 이후 출생한 20대 초반의 젊은 기술자들이 점점 많아지는 추세다. 이제 평생직장이라는 개념이 없어진 만큼, 젊었을 때부터 확실한 내 기술력을 갖춰 안정적인 삶을 펼쳐 나가려는 젊은 세대들의 움직임으로 보인다. 젊은 세대의 이런 움직임은 단순한 유행이 아니다. 평생직장 개념이 사라진 현대 사회에서, 이들은 젊을 때부터 확실한 기술력을 갖춰 안정적인 삶을 구축하려는 전략적 선택을 하고 있다.

기술 배우기 위해 사천에서 상경한 02년생 김효상 님

열현남아 채널에 출연한 효상 님은 고등학교 졸업 후 특별한 진로가 정해지지 않았었다. 우선 돈을 벌어야 했기에 원양어선에 취업했다. 짧은 기간에 많은 돈을 벌 수 있었지만, 미래가 보이지 않는 일이라는 생각에 불안감이 늘 따라다녔다. 그래서 그는 과감히 원양어선을 떠나, 새로운 길을 걷기 위해 상경을 결심했다. 그렇게 서울에서 고시원 생활을 하며 하루하루 현장에서 몸을 쓰는 일을 배우며 살아가고 있다. 철거, 설비, 미장 등 다양한 기술을 직접 몸으로 익히며, 단순한 일용직이 아니라 진짜 내 손으로 무언가를 만들어 내는 기술자로 성장하고 있다.

남들이 보기엔 그저 막노동, 노가다로 보일 수 있지만, 효상 님은 분명하게 말한다. "나는 내 기술로 미래를 준비하고 있다."고. 아직 갈 길은 멀지만, 효상 님은 매일 배우고, 조금씩 성장하고 있는 현재의 삶에 만족하고 있다. 누구도 대신 걸어 주지 않는 길이지만, 스스로 가치를 높이며 기술자의 길을 개척해 나가는 그의 이야기는 같은 고민을 하는 많은 청년에게 큰 울림을 준다.

기술직은 단순히 돈을 벌기 위한 수단을 넘어 자기 발전의 기회를 제공한다. 꾸준히 배우고 숙련도를 높일수록 수익이 이에 비례해 증가하고, 자신의 가치를 빠르게 증명할 수 있는 구조를 가진다. 특히 기술직은 고정된 근무 시간과 환경에 얽매이지 않고 스스로 스케줄을 조정할 수 있어, 유연한 삶을 원하는 청년들에게 더욱 매력적으로 다가간다. 기술을 배우면 굶어 죽지 않을 뿐만 아니라, 노력에 따라 윤택한 삶도 누릴 수 있다.

고령화된 기술직 시장에서 2030 세대의 유입은 단순한 세대교체를 넘어, 시장의 변화를 이끄는 원동력이 되고 있다. 기술직의 미래는 젊은 세대의 손에 달려 있으며, 이들이 시장을 발전시키고 혁신하는 주인공이 될 것이다. SNS나 유튜브를 활용해 자신을 브랜딩하고, 더 효율적으로 일할 수 있는 방식을 고민하며, 최신 기술을 접목해 새로운 기회를 창출하는 등 기술직의 패러다임을 바꿔 나가고 있다. 젊은 기술자들의 등장은 기술직 시장 전체에 긍정적인 영향을 미친다. 단순히 개인의 성공을 넘어, 기술직 자체에 대한 사회적 인식을 바꾸고, 더 나아가 이 분야를 하나의 전문 직업군으로 확립하는 데 기여하고 있다. 이제 기술직은 단순한 육체노동이 아니라, 자신의 삶을 주도적으로 설계할 수 있는 하나의 기회이자 선택지가 되고 있다.

"기술 배우면 밥은 굶지 않는다."는 말은 여전히 유효하다. 하지만 이제는 거기에 한 마디를 덧붙이고 싶다. "기술을 배우면 안정적인 미래와 더 큰 가능성을 가질 수 있다." 기술은 청년들에게 단순히 생계를 유지하는 수단이 아니라, 자립의 기회를 제공하고 더 나은 미래를 꿈꿀 수 있는 발판이 된다. 기술을 통해 안정성과 성장을 모두 갖춘 삶을 이루어 가는 이 긍정적인 흐름이 앞으로도 계속되기를 기대한다.

5장

기술을 배우고
인생이 바뀐
사람들의 이야기

몸을 쓰는 일이
가져온 기적

나는 지금 유튜버 구독자 11만 명을 보유한 크리에이터
이자 청소 사업을 운영하는 사업가로 살아가고 있다. 겉으
로 보면 꽤 안정된 삶을 사는 것처럼 보이지만, 사실 나의
시작은 누구보다 힘들고 막막했다. 나는 초등학교부터 대학
교 시절 동안 태권도 선수로 살았다. 하지만 선수로서 성공
하지 못했다. 스펙도 특별한 기술도 없는 20대 초반의 청년
으로 군대를 전역한 후 "무엇을 하며 살아야 할까?"에 대한
막막함만이 남았다. 그렇게 선택한 첫 직업이 방충망 기술
자였다. 누구나 멋진 직장을 원하고, 좋은 차로 출근하길 바
라지만, 나의 첫 출근 차는 작은 포터 트럭이었다. 처음 방

충망을 배우기 시작했을 때는 드릴질 하나조차 서툴렀고, 무거운 방충망을 날마다 들고 오르내리며 몸으로 부딪쳐야 하는 고된 일이었다.

특히 아파트 고층에서 작업할 때는 방충망을 제거하고 설치하는 과정이 위험하기도 했다. 아래를 내려다보면 아찔했고, 그럴 때마다 "내가 왜 이런 일을 하고 있나?"라는 자괴감이 들기도 했다. 심지어 현장 작업복을 입는 것도 처음엔 어색했다. 20대였던 나는 이 일이 중년 아저씨들만 하는 일이라는 편견을 가지고 있었기 때문이었다. 하지만 마음속으로 다짐했다. "여기서 포기하면 정말 갈 곳이 없다." 실패한 운동선수로 끝날 수는 없었다. 그렇게 하루하루 버티고, 배우고, 적응했다. 드릴과 무거운 자재들을 다루는 게 몸에 익으면서 조금씩 내 몸과 마음도 기술자가 되어 갔다.

그러던 어느 순간, 방충망 설치가 단순한 노동이 아니라 내가 누군가의 안전과 편의를 책임지는 일이라는 사실을 깨닫게 되었다. 아이들이 안전하게 지낼 수 있도록, 또 방범을 위해 꼭 필요한 작업이었다. 고객이 고마워하며 건네는 한마디, "정말 감사합니다." 그 한 마디가 내 자존감을 세워 주었다. 몸은 힘들었지만 기술을 배워 간다는 확신과 함께, 내 삶도 조금씩 나아가기 시작했다. 처음에는 돈을 벌기 위해 시작했지만, 어느새 내 손으로 무언가를 완성하는 보람과 성취감을 느끼고 있었다. 그리고 무엇보다 내가 일한 만큼 수익이 따라오는 정직한 보상에 대해 깊이 체감하게 되었다. 그렇게 3년 동안 방충망 기술자로 일하며, 나는 경제적으로도 자립했고, 정신적으로도 큰 자신감을 얻었다. 하루 12~14시간, 주말 없이 일하면서 스스로를 단련하고 성장시킨 시간이었다. 덕분에 누구보다 빠르게 자리 잡고, 20대에 상상도 못 한 돈을 벌 수 있었다.

하지만 3년을 채운 어느 날, 나는 새로운 도전을 결심했다. 안정된 기반을 버리고, 더 넓은 세상을 보기로 한 것이다. 그래서 온라인 사업, 브랜딩 컨설팅, 스마트스토어 등 여러 분야에 도전했지만, 모든 게 쉽게 풀리지는 않았다. 결국 깨달았다. '내가 가진 무기로 가장 확실하게 성과를 낼 수 있는 건 몸을 쓰는 일'이라는 것을. 그래서 다시 돌아온 일이 청소업이었다. 누군가는 기피하지만, 나는 오히려 그 안에 누구도 보지 못한 기회와 가치가 있음을 알았다.

나는 몸을 쓰는 일이야말로 평생 가져갈 수 있는 가장 확실한 자산이라고 생각한다. 내 삶을 바꾸었고, 나를 당당하게 만들어 준 것이 바로 이 일이기 때문이다. 그리고 지금, 나는 열현남아 유튜브 채널을 통해 이 이야기를 더 많은 사람에게 전하고 있다.

내가 유튜브에서 한 이야기가 있다. "모두가 프리미어리그에서만 경쟁하려고 한다." 남 보기에 좋아 보이고 멋있어 보이는 직업들로만 많이들 쫓아간다. 그곳은 너무나도 치열하고 별들의 전쟁이라고 말하고 싶다. 지금 내가 가진 역량이 뛰어나지 않을 때는 내 눈을 낮춰서 경쟁이 약한 리그에서 게임을 해야 한다. 남들이 잘 알아주지는 않지만 조금은 낮은 단계인 K리그부터 경험을 쌓고 시작을 해야 한다. 그리고 내 수준에 맞는 리그에서 경쟁할 때 내 능력치가 많이 상승할 수 있다고 생각한다. 나는 20대에 정말 운 좋게 내 수준에 딱 맞는 리그를 만났기에, 거기서 많은 경험치를 쌓으면서 성장했다. 그리고 이제는 한층 더 높은 무대, 프리미어리그로 도약하기 위해 새로운 도전의 발걸음을 내딛고 있다. 나는 앞으로도 내가 진짜 느낀 경험들을 통해 더 많은 사람에게 좋은 영향력을 나누며 살아가고 싶다.

수학 전교 1등,
대학 포기하고 기술자가 되다

열현남아 채널에 출연한 03년생 필름 기술자 도승현 님의 이야기를 소개한다. 수학에서 전교 1등을 기록하며 사범대에 합격할 수 있을 정도의 성적을 자랑했던 승현 님은, 수학 선생님이 되는 길이 보장된 상황에서 대학 진학 대신 기술자의 길을 택했다. 그는 유튜브에서 본 인테리어 필름 시공 영상에 깊이 매료되어 대학교 진학을 포기하고 새로운 도전을 결심했다. "대학에 진학하더라도 전공과 관계없는 일을 하는 경우가 많다."는 생각이 그의 결정을 확고하게 만들었다.

처음에 주변의 반응은 차가웠다. 친구들이나 주변 사람들은 "그 성적에 기술직이라니?"라며 이해하지 못했지만, 승현 님은 이에 개의치 않았다. 특히 어머니는 기술직에 대해 많은 자료를 찾아 주고, 그의 결정을 지지하며 큰 힘이 되어 주었다.

하지만 어린 나이에 일을 시작하는 것은 쉽지 않았다. 그는 인테리어 필름에 관한 유튜브 채널을 몇 번씩 돌려보며 공부하고, 인테리어 필름 기술자를 구인하는 커뮤니티에도 수십 군데 연락을 돌린 끝에 일을 시작할 수 있었다. 처음 일당은 8만 원이었지만, 기술을 익히고 현장에서 경험을 쌓으면서 일당을 20만 원으로 올렸다.

기술을 인정받으며 성장한 그는 대학 대신 선택한 기술직에서 삶의 방향을 찾아가고 있다. 또래 친구들을 대학교에서 수업을 듣고 있지만, 그는 일찍부터 현장에서 세상을 배우고 있다. 자신만의 길을 개척한 승현 님은 진로를 고민하는 학생들에게 이렇게 조언한다. "대학에 가는 것이 당연하게 여겨지지만, 다른 길도 있다는 것을 알았으면 좋겠다. 세상에는 정말 다양한 기술과 일이 있으며, 그 분야들은 큰 가능성이 있다."

물론 승현 님도 적은 일당을 받으며 일을 시작했을 때 "다른 친구들처럼 놀고 싶다."는 생각을 많이 했다고 한다. 하지만 그는 더 나은 미래가 올 것이라 믿으며 묵묵히 기술을 익혔다. 일당과 직급이 오르면서, 승현 님은 땀 흘려 얻는 보람이 무엇인지 깨닫게 되었다. 공부도 중요한 길이지만, 자신의 기술로 만든 결과물을 보며 성장하는 기쁨은 가장 값진 것이라 느꼈다. 그리고 기술을 가진 전문가라는 타이틀은 승현 님에게 더 큰 자부심으로 다가왔다.

승현 님은 기술직이 단순히 학벌이 없는 사람들이 선택

하는 직업이라는 편견을 깨고, 자신만의 길을 개척한 중요한 사례로 많은 사람에게 영감을 주고 있다.

현재 승현 님은 또래 친구들보다 훨씬 많은 돈을 저축하며 경제적으로 안정된 삶을 살고 있다. 그는 "학벌과 안정된 직업이 중요한 시대는 지나갔다. 내가 하고 싶은 일을 찾고, 그 안에서 행복을 느낀다면 그것이 진정한 성공이다."라고 말하며, 자신의 행복과 열정을 우선시하는 삶이 많은 이에게 용기와 영감을 주고 있다. 승현 님의 기술직 도전이 앞으로도 성공적으로 이어지기를 바라며, 그의 이야기가 자신만의 길을 찾고자 하는 모든 사람에게 큰 울림을 주기를 기대한다.

아이돌에서 페인트공으로, 새로운 무대에 오르다

열현남아 채널에 출연한 아이돌 출신 페인트공 오지민 님의 이야기를 소개한다. 지민 님의 영상은 조회수 120만 회를 넘었고, 대중으로부터 많은 관심을 받았다. 그는 과거

9인조 아이돌 그룹 BTL의 멤버로 활동하며 무대 위에서 스포트라이트를 받았다. 많은 팬이 그의 무대를 응원했고, 화려한 조명 아래에서 춤을 추며 가수로서의 꿈을 펼쳤다.

하지만 연예계에서의 성공은 단순한 노력만으로 보장되는 것이 아니었다. 아이돌은 실력뿐만 아니라 운과 환경, 그리고 업계의 흐름이 크게 작용하는 세계였다. 수년간 아이돌로 살았지만, 이제는 무대를 떠나야 한다는 현실을 받아들여야 했다. 여느 20대 청년들과 마찬가지로, 그는 새로운 길을 찾아야 했다. 그러나 어떤 일을 해야 할지, 무엇이 자신에게 맞을지에 대한 명확한 답을 찾는 것은 결코 쉬운 일이 아니었다.

그룹 해체 후 연예계의 길이 막힌 그는 평범한 회사원으로 새로운 삶을 시작했지만, 적성에 맞지 않아 좌절을 경험했다. 그러던 중 열현남아 채널을 통해 기술직의 가능성을 접하며 페인트 기술자의 길로 들어섰다.

지민 님은 스물아홉의 나이에 새로운 무대에 섰다. 과거 아이돌로서 팬들의 환호를 받았던 화려한 삶을 뒤로 하고, 페인트 붓을 들고 건설 현장에서 하루를 시작하게 된 것이다. 물론 처음엔 해 본 적 없는 분야의 일이었기에 걱정이 많았다. "처음엔 손목이 뻐근하고, 높은 발판에서 작업하는 게 두려웠어요. 하지만 시간이 지나면서 이 일이 저에게 맞는 일이라는 걸 느꼈죠." 먼지와 페인트가 튀는 작업 환경, 체력적 부담에 적응하기 어려웠지만, 그는 꾸준히 기술을 익히며 일당을 높였고, 기술력을 갖추게 되었다. 그 결과, 그는 일당을 받는 기술자에서 한 단계 더 나아가, 현재는 자신의 페인트 시공업체를 운영하는 대표가 되었다. 이제는 누군가에게 고용되는 사람이 아니라, 자신이 직접 프로젝트를 운영하는 전문가로 성장했다.

지민 님은 기술직에서의 성취감을 다른 어떤 것과 비교할 수 없다고 말한다. 아이돌 활동 당시에는 노력만으로는 성공하기 어려운 분야였다고 고백했다. 아이돌은 어떤 프로듀서를 만나고, 어떤 타이밍에 활동을 하느냐에 따라 성공이 좌우되는 직업이었지만, 기술직은 내가 하는 만큼 결과가 따른다고 말한다. 그는 기술직의 매력은 바로 그 점에 있다고 덧붙였다. "기술직은 내가 하는 만큼 성과가 보이는 직업이에요. 그 점이 저를 움직였죠. 내가 칠한 색이 누군가의 공간을 아름답게 만든다는 건 정말 대단한 일이에요." 그는 기술직의 성취감에 깊이 빠져들어 새로운 열정을 키워 가고 있다. 지민 님의 이야기는 실패와 좌절을 경험한 사람들에게 기술직이 새로운 도전의 기회가 될 수 있음을 보여 준다.

그의 이야기는 기술직의 가치를 깨닫고 도전을 앞둔 이들에게 큰 영감을 줄 것이다.

타일공이 되어
주체적인 삶을 살게 되다

열현남아 채널에 출연한 여자 타일공 김한솔 님의 이야기를 소개한다. 한솔 님은 스물아홉의 나이에 4년 차에 접어든 기술자이다. 그의 영상은 130만 조회수를 넘기며 폭발적인 관심을 받았다. 한솔 님을 만난 8월의 어느 날은 폭염을 기록했다. 그 날씨에도 한솔 님은 에어컨 하나 없는 좁은 공간에서 9시간 넘게 힘든 내색 없이 작업했다. 한솔 님의 열정과 꾸준함은, 한솔 님을 향했던 편견들을 깨부쉈다.

한솔 님은 간호조무사로 3년 넘게 일하며 의료 현장에서 보조 역할에 머무는 삶에 만족하지 못했다. 그는 단순히 안정적인 직장을 유지하는 삶이 아닌, 더 많은 돈을 벌고, 자신의 능력으로 인정받으며 주체적으로 일할 수 있는 직업을 찾고 싶었다. 그 과정에서 기술직에 대해 알게 되었고, 그중에서도 '타일 시공'이라는 분야에 깊은 관심을 가지게 되었다.

타일공은 무거운 자재를 옮기고 좁은 공간에서 장시간 작업해야 하며, 높은 체력과 정신력이 요구되는 직업이다. 남자들도 버티기 힘들 만큼 육체적으로 강도가 높다. 여성들이 이 직업을 선택하는 경우가 드물다는 점에서도 걱정이 많았다. 보통 여성 입문자들은 육체적 강도가 낮은 도배나 필름 분야로 입문한다. 그래서 타일공으로 직업을 바꾼다고 했을 때, 주변에서는 그가 오래 버티지 못할 것이라고들 했다. 하지만 한솔 님은 172cm의 큰 키와, 오랜 웨이트 트레이닝으로 다져진 체력을 가지고 있었다. 이러한 신체적인 강점 덕분에 무거운 자재를 다루는 일도 거뜬히 해낼 수 있었다. 하지만 체력만으로 기술자가 되는 것은 아니었다. 그는 기술을 배우기 위해 하루하루 현장에서 직접 부딪히며 경험을 쌓았다.

초반에는 손에 익지 않은 작업 때문에 시간이 오래 걸리고, 완성도가 떨어지는 실수도 많았지만, 그는 좌절하지 않았다. 기술자로서 인정받기까지는 결코 쉬운 과정이 아니었다. 특히 여성이라는 이유로 평가절하되는 순간도 많았다. "처음에는 '여자가 얼마나 하겠어?'라는 시선이 많았어요. 하지만 시간이 지나면서 제가 직접 시공한 타일을 본 사람들이 '이 사람, 제대로 하는구나'라고 인정하기 시작했죠."

현재 그는 고객들에게 신뢰받는 전문가로 성장했으며, 타일 작업에서 자신의 가치를 증명하고 있다. 한솔 님의 도전은 단순히 한 사람이 기술직에 진입했다는 의미를 넘어, 여성도 충분히 기술자로 성공할 수 있음을 보여 주는 중요한 사례가 되었다.

여성 타일공으로서, 그리고 당당한 기술자로서 자신의 가치를 증명한 한솔 님의 이야기는 기술직에 대한 고정관념을 깨고, 새로운 길을 개척하고 싶은 모든 이들에게 강한 동기부여가 될 것이다.

대학 자퇴 후 방충망 기술자가 된
여성 MZ 기술자

열현남아 채널에 출연한 03년생 방충망 기술자 김연서 님의 이야기를 소개한다. 그는 친구들이 대학 강의실에서 공부하고 있을 나이에 1학년 1학기를 다니다 과감히 대학을 자퇴하고 기술자의 길을 선택했다. 예체능을 전공하며 태권도를 배우던 연서 님은 운동선수나 지도자가 되는 미래를 현실적으로 고민했다. 사범으로 시작해 관장이 되기까지의 긴 과정과 예체능 분야의 불확실한 미래에 대해 오랜 시간 고민한 끝에, 과감한 결정을 내렸다. 그러던 중 유튜브에서 기술직에 대한 정보를 접했고, 방충망 기술자로서의 길을 결심하게 되었다.

그는 단순히 "기술을 배워야겠다."라고 생각한 것이 아니라, 일찍부터 경제적 독립을 꿈꾸며 현실적인 계획을 세워왔다. 하지만 그의 선택을 반대한 사람이 있었다. 바로 아버지였다. "158cm의 작은 체구로 기술직을 하기에는 체력적으로 너무 힘들 거야. 방충망 기술자가 여자한테 맞는 일이겠어?" 어릴 때부터 체구가 작았던 연서 님이 무거운 도구를 다루고, 현장에서 하루 종일 몸을 쓰는 일을 한다는 것을 받아들이기 어려웠던 것이다.

그러나 연서 님은 자신의 한계를 스스로 정하지 않았다. "체력적으로 할 수 있을까 걱정했어요. 하지만 남들보다 신체 조건이 불리하다고 해서 못할 이유는 없더라고요. 그저 익숙하지 않아서 어려운 것뿐이었어요."

처음에는 생소한 도구를 다루는 것부터, 체력적으로 힘든 작업까지 적응하는 데 어려움이 많았다. 하지만 그는 매일 현장에서 배우며, 기술자로서 성장해 나갔다. 고객의 신뢰를 얻어 예약 없이는 작업이 어려울 정도로 바쁜 일정을 소화하며, 기술직이 단순한 노동이 아닌 창의적인 직업임을 느끼고 성취감을 얻고 있다. 이전 세대만 하더라도 방충망 갈이는 50~60대 중년 남성들이 하던 일이었다. 하지만 이제는 20대 초반의 젊은 사람들도 이런 직업을 가질 수 있다는 사례를 연서 님이 몸소 만들고 있다. 방충망을 통해서 기술직에 입문한 연서 님은 현재는 목공 분야에도 도전하며 기술직에서의 큰 매력을 느끼고 꿈을 펼쳐 나가고 있다.

"돈을 많이 벌고 싶다는 욕망과 꿈이 있다면, 그걸 상상만 할 게 아니라, 꼭 실행해야 한다고 생각해요." 많은 사람이 더 나은 미래를 원하지만, 그것을 실제로 행동으로 옮기는 사람은 많지 않다. 연서 님은 그 행동력을 가진 사람이고, 직접 실행하며 자신의 삶을 개척해 나가고 있다. 그의 도전과 실행력은 수많은 사람에게 '내 인생은 내가 개척하는 것'이라는 강한 메시지를 전하고 있다.

60대 페인트 여장부의
30년 기술과 가족 사업

열현남아 채널에 출연한 60대 페인트 기술자 이선옥 님의 이야기를 소개한다. '60대 여장부'라는 별명이 있는 이선옥 님은 30년 동안 페인트 기술자로 일하며 두 자녀를 키워냈다.

그가 걸어온 길은 단순한 기술자의 삶이 아니었다. 남성들이 장악한 건설 현장에서, 여성이 기술자로 자리 잡는 것은 결코 쉬운 일이 아니었다. 특히 30년 전, 건설업계에서 여성 기술자는 거의 찾아볼 수 없었다. 현장에서는 여성 노동자를 반기지 않았고, 기술직은 더욱 남성의 영역이라는 인식이 강했다. 그러나 선옥 님은 이러한 편견을 정면으로 깨부수며, 결국 자신만의 길을 만들어 나갔다. 단순한 일거리로 뛰어들었던 페인트칠이었지만, 선옥 님은 기술을 배우면서 자신의 정체성을 찾았다. 창조성, 창의성을 요구하는 페인트 기술이 본인의 적성과 잘 맞아떨어진 것이다. 선옥 님은 "이 일을 하며 세상을 칠하는 기분이에요. 제 손끝에서 새로운 색이 탄생하고, 사람들이 그걸 보며 아름다움을 느낄 때 큰 보람을 느껴요"라고 말한다.

이선옥 님은 단순히 자신만 성공하는 기술자가 아니라, 가족 전체가 함께 성장할 수 있도록 기술을 전수했다. 그녀의 자녀들은 어릴 때부터 어머니의 일을 가까이서 지켜보며 자랐다. 그리고 성인이 되면서, 그 역시 어머니의 뒤를 이어 페인트 기술자의 길을 걷기 시작했다. 현재 자녀와 사위, 며느리까지 포함된 가족 팀이 되었다. 그들은 단순히 일하는 동료가 아니라, 현장에서 어떻게 하면 더 좋은 결과물을 낼 수 있을지 함께 고민하는 파트너가 되었다. 선옥 님은 늘 강조한다. "결과물로 말해야 한다. 기술자는 손끝에서 결정된다. 고객은 당신이 하는 말을 듣는 것이 아니라, 당신이 만든 결과물을 본다." 그녀의 철학을 전수 받은 자녀들은 독립적인 기술자로 성장하며, 현장에서 자신의 역할을 다하고 있다. "이제는 제 아이들이 저보다 더 좋은 기술을 알고, 새로운 방식을 연구하기도 해요. 저는 경험이 많고, 아이들은 더 새로운 기술을 익히고 있죠. 그렇게 서로 배워 가면서, 더 좋은 작업을 만들어 가고 있어요."

그의 기술은 단순한 페인트 작업이 아니다. 그 붓질 하나하나에는 그녀가 지켜 온 삶의 태도와 철학, 그리고 자녀들에게 전하는 미래가 담겨 있다.

30년 전, 생계를 위해 시작한 일이 이제는 자신의 인생이 되었고, 가족의 미래가 되었다. 그의 붓끝에서 만들어진 색들은 단순한 페인트가 아니라 그녀가 살아온 삶의 흔적이자, 자녀들에게 남길 유산이다. 선옥 님은 지금도 현장에서 직접 붓을 잡으며, 젊은 기술자들과 함께 일하고 있다. 그의 붓질은 앞으로도 계속될 것이다. 그 붓끝에서 또 어떤 새로운 색이 탄생할지 기대된다.

그의 도전과 실행력은 수많은 사람에게 '내 인생은 내가 개척하는 것'이라는 강한 메시지를 전하고 있다. 기술직에 대한 편견을 깨고, 자신의 손으로 미래를 만들어 가고 싶은 모든 이들에게 그녀의 이야기는 강한 울림과 영감을 전할 것이다.

6장

진짜 기술자로
사는 길

자신을 내려놓고
시작하라

이 책을 읽는 당신은 아마도 몸 쓰는 일에 관심이 있거나, 기술직으로의 전환을 고민하고 있을 것이다. 기술직에 대한 막연한 두려움과 궁금증을 가지고 있을 수도 있고, 이미 결심했지만 어디서부터 시작해야 할지 고민될 수도 있다.

나 또한 10년 넘게 현장에서 일하며 많은 기술자분을 만나 왔고, 유튜브를 통해 10만 명 이상의 구독자와 소통하며 이 분야에 대해 깊이 고민했다. 그 경험을 바탕으로 이야기해 보겠다. 기술자로 성공하기 위해 가장 먼저 해야 할 일은 무엇인가? 바로 '자신을 내려놓는 것', 즉 '자존심을 버리는 것'이라고 말하고 싶다.

기술직은 겸손한 마음가짐과 초심자의 자세가 필수이다. 기술직에 도전하는 사람들 중에는 과거에 잘나갔거나 안정된 직업을 가졌던 사람들도 많다. 사무직, 공무원, 자영업 혹은 다른 전문직을 경험한 사람도 있다.

하지만 이 분야에 들어오는 순간, 과거의 경험은 반드시 도움이 된다고 보장할 수 없다. 기술직은 실전이 우선이다. 학벌, 경력, 나이와 관계없이, 현장에서는 '실력'이 전부다. 과거에 누가 얼마를 벌었건, 어떤 자리에 있었건, 기술직에서는 새로 다시 배우는 막내일 뿐이다.

나는 자존심을 내려놓고 진심으로 배우고자 할 때, 비로소 나를 가르쳐 주는 스승이 나타난다고 믿는다. 그 사람이 나를 가르칠 만한 사람이라고 신뢰하기 위해서는, 내가 먼저 진심을 보여야 한다. 처음에는 허드렛일을 시킬 수도 있고, 잡일을 많이 맡길 수도 있다.

그 과정을 성실하게 해내는 사람이 결국 기술도 얻고, 인정도 얻는다. 반대로 자존심 때문에 "왜 나한테 이런 일만 시키냐?"고 불만을 품으면, 가르치는 사람도 마음을 닫을 수밖에 없다. 기술직은 배우는 사람이 배우는 만큼, 가르치는 사람도 마음을 열어야 가능한 일이다.

내가 실제로 아는 청년의 이야기다. 공무원 시험을 준비하다 기술직으로 전향했지만, 초반에 허드렛일만 시킨다고 서운해 하다 결국 배우지 못하고 나갔다. 반면 다른 친구는 매일 청소부터 시작했지만, 자존심 상해 하지 않았다. 오히려 묵묵히 자신의 역할을 해내며 스스로를 낮추었고, 그 결과 시간이 지나면서 기술을 제대로 배우게 되었다. 지금은 안정적으로 일을 하며 기술자로 자리를 잡았다. 기술을 배우는 것은 단순히 손으로 무언가를 만드는 기술만 익히는 게 아니다. 나 자신을 바꾸는 과정이다. 자존심, 고정관념, 편견을 모두 버리고 새로운 나로 다시 태어나는 일이다. 처음엔 어색할 것이다. 왜 내가 이런 일을 해야 하나 싶은 순간도 있을 것이다.

하지만 어느 순간, 내가 직접 몸으로 익힌 기술이 내 자산이 되고, 내 인생을 바꾸는 도구가 될 것이다. 그리고 그때쯤 깨닫게 될 것이다. "처음에 내가 자존심을 내려놓길 정말 잘했구나." 자신의 위치를 현실적으로 받아들이고, 배우려는 자세를 갖추는 것이 성공의 첫걸음이다. 겸손한 태도와 성실한 노력, 그리고 끊임없는 배움의 자세를 갖춘다면, 기술직에서 인정받고 성장할 기회를 얻을 수 있다. 이 과정이 쉽지는 않겠지만, 한 걸음씩 차근차근 나아가다 보면 어느새 당신도 '진짜 기술자'로 성장해 있을 것이다.

주변의 시선과 고정관념
극복하기

우리 사회에는 아직도 몸 쓰는 일을 낮게 보는 인식이 강하게 남아 있다. 기술직, 현장직이라고 하면 "누가 그런 일 하냐?"는 말을 쉽게 듣는다. 그래서 기술직에 도전한다고 말했을 때, 당연히 따라오는 게 주변의 걱정스러운 시선이다. 부모님은 "그래도 안정적인 직장 잡아야지, 언제까지 그렇게 고생만 할래?"라며 반대하시고, 친구들은 "아니, 요즘 같은 세상에 왜 굳이 그런 힘든 일을 하냐?"고 묻는다. 심지어 "그 시간에 공부해서 공기업이나 대기업 가는 게 낫지 않냐?"는 말도 듣는다. 이런 이야기를 계속 듣다 보면 솔직히 마음이 흔들릴 때가 있다. "내가 잘못된 길을 선택한 건가?" "다른 애들은 편하게 사는 것 같은데, 나만 괜히 고생하는 거 아닐까?"하는 의심이 들면서, 스스로 작아지는 기분이 들 때가 많다.

하지만 이런 주변의 시선이나 고정관념에 휘둘리기 시작하면, 결국 기술직에서도 끝까지 가기 어렵다. 시작보다 중요한 건 끝까지 가는 거니까. 기술직은 절대 쉬운 길이 아니다. 그래서 중간에 "내가 왜 이 일을 하고 있지?"라는 고민을 하는 순간이 반드시 온다. 그때 주변 사람들이 했던 말들이 계속 떠오를 것이다. "그만두고 다른 일 찾아볼까?" 이런 마음이 드는 것도 당연하다.

때문에 처음부터 마음을 단단히 먹어야 한다. 기술직의 길을 걷겠다고 결심했다면, 남들의 시선보다 더 중요한 건 내 목표와 방향이라는 걸 잊지 말아야 한다. 남들이 뭐라고 하든, "나는 왜 이 길을 선택했는가?" 이 질문에 대한 스스로의 대답이 분명해야 한다. 그래야 주변의 소리에도 흔들리지 않고 끝까지 갈 수 있다. 누구도 내 인생을 대신 살아 주지 않는다. 결국 내가 먹고살 길, 내 삶의 주인은 나 자신이니까. 처음에는 당연히 힘들 거다. 하지만 기술을 익히고, 하나둘씩 일이 손에 익으면서 "내가 잘 가고 있었구나." 하는 확신이 생길 때가 온다. 그렇게 묵묵히 나의 길을 가다 보면 그동안 걱정하던 사람들도 내 자리를 인정하게 된다.

기술직이라는 길은 결국 스스로를 증명하는 길이다. 세상이 뭐라고 해도, 기술을 제대로 갖춘 사람은 결국 인정받는다. 남들의 시선보다 내 선택을 믿고, 한 걸음씩 나아가자. 내가 끝까지 가면, 결국 기술은 배신하지 않는다.

강한 정신력으로
극복하라

몸을 쓰는 일은 절대 쉽지 않다. 생각보다 고되고, 매일매일이 나와의 싸움이다. "한 달만 버티자." 하고 시작했는데, 그 한 달도 너무 길게 느껴질 수 있다. 기술직이라는 게 단순히 몸만 쓰는 일 같지만 사실 정신력이 훨씬 더 중요한 일이다. 육체적으로는 당연히 힘들다. 하지만 진짜 힘든 건 "내가 이걸 계속 해야 할까?" "언제쯤이면 나도 기술을 배워서 제대로 일할 수 있을까?" 이런 생각이 끊임없이 몰려오는 순간들이다.

특히 처음 시작했을 때, 기술은 못 배우고 잡일만 할 때. 몸은 몸대로 고되고, "내가 여기서 뭘 하고 있는 거지?" 싶은 생각이 머리를 스친다. 그 순간에 정신력이 없으면 그냥 포기하고 만다. 그래서 기술직에서 가장 중요한 건 버티는 힘, 견디는 힘, 그리고 멘탈이다.

정신력이 무너지면 몸도 같이 무너진다. 내가 경험해 보니, 정신력이 버티고 있으면 몸도 따라온다. 아무리 몸이 힘들어도 마음이 버티고 있으면 하루를 해낸다. 특히 여름, 겨울 같은 극한의 계절에는 더 그렇다. 더위, 추위, 체력적 한계까지 겹치면 "이걸 왜 계속해야 하지?" 싶은 순간이 매일 찾아온다. 그때마다 "그래, 이 힘든 시간을 넘기고 나면 내가 성장한다." "지금 이 시간을 버텨야 남들이 못 가는 곳까지 갈 수 있다." 이렇게 자기 자신과 끝없이 대화를 해야 한다. 그리고 기술직은 시간 지나면 분명 보상이 온다. 하지만 그걸 경험하기 전에 나가는 사람도 많다. 결국 끝까지 남는 사람이 진짜 이기는 거다. 누가 더 오래 버티느냐, 누가 더 꾸준히 가느냐가 '진짜 기술자'가 되는 길이다.

그러니 기술 배우겠다고 마음먹었다면, 정신부터 단단히 무장해야 한다. 몸 쓰는 일은 몸만 힘든 게 아니다. 마음까지 단단해야 끝까지 간다. 힘들 때마다 기억해야 한다. "이 힘든 시간이 나를 성장시키는 시간이다." "내가 지금 이걸 이겨내야 내일의 내가 더 강해진다." 기술직에서 살아남는 진짜 무기는 강한 멘탈, 절대 포기하지 않는 마음이다. 그게 없으면 몸도 마음도 금방 지친다. 하지만 그 마음 하나만 있으면, 분명 어느 순간부터는 내가 이 일을 주도하고, 내 기술로 먹고사는 날이 온다. 그때 가서 생각할 거다. "아, 내가 그때 포기 안 하길 정말 잘했구나."

거절이 두려우면
기술 배우지 마세요

이 책을 읽는 독자라면 아마 기술직에 관심이 많을 것이다. 기술을 배우고 싶고, 새로운 길을 찾고 싶고, 손으로 직접 일해서 돈을 벌고 싶다는 마음이 있을 것이다. 그렇다면 기술을 배우기 전에 반드시 생각해 봐야 할 것이 있다. 바로 "내가 거절을 두려워하지 않는 사람인가?"이다. 기술을 배우고 현장에서 자리를 잡아 나가는 과정은 결국 '거절'을 얼마나 견딜 수 있는가의 싸움이기 때문이다.

나는 방충망 기술자로 시작했을 때 일이 없어서 매일 거절을 견뎌야 했다. 누군가 내게 일을 주기를 기다리는 것만으로는 아무 일도 일어나지 않았다. 결국 나는 직접 움직이기로 했다. 작은 박람회부터 큰 업체까지, "한 번만 시켜봐 주세요."라는 제안서를 수도 없이 보냈다. 하지만 돌아오는 대답은 대부분 "미안하지만 아직 필요 없습니다."였다. 10번 제안서를 넣으면 9번은 거절당하는 게 당연한 일이었다. 그때 깨달았다. "내가 이 일을 계속하려면 거절당하는 것쯤은 아무렇지 않게 생각해야 한다."는 것을.

기술을 배우겠다고 나선 순간부터, 사회에서 '을(乙)'의 위치에서 고개를 숙여야 하고, 자존심도 내려놓아야 하며, "싫다."는 말도 수없이 듣게 된다. 하지만 그런 과정을 버티고 버티다 보면, 어느 순간부터는 '을'이 아니라 '갑(甲)'이 되는 순간이 온다. 처음에는 내가 부탁하러 다니지만, 나중에는 "이 사람 아니면 안 된다."는 말을 듣는 기술자가 된다. 중요한 것은, 그 자리까지 가기 위해 거절을 견디는 힘이 필요하다는 점이다.

만약 당신이 거절을 두려워하는 사람이라면? "한 번 거절당하면 마음이 상해서 더는 못 하겠다."는 생각을 한다면? 기술직은 생각보다 훨씬 냉정한 길이라는 것을 분명히 알고 시작했으면 좋겠다.

기술 하나 배우는 것이 쉬운 일처럼 보이지만, 그 안에는 보이지 않는 수많은 싸움이 있다. 단순히 몸을 쓰는 싸움만 있는 것이 아니라, 마음의 싸움, 거절을 견디는 싸움, 인간관계를 버티는 싸움도 포함된다. 만약 이 모든 것을 감당할 준비가 되어 있지 않다면, 기술을 배우는 일을 다시 생각해 보는 것이 좋다. 왜냐하면, 시작하고 나서 포기하는 것보다 아예 시작하지 않는 것이 나을 때도 있기 때문이다.

반대로, 거절을 두려워하지 않는 사람, "안 된다."는 말을 듣고도 다시 시도할 수 있는 사람, 버티는 사람이라면 기술직은 분명히 기회를 줄 것이다. 내가 본 모든 성공한 기술자는 이러한 과정을 겪어 왔다. 그래서 결국 기술로 인정받고, 원하는 대우를 받으며 살아간다. 그 자리에 오른 사람들은 결코 '거절' 하나로 무너지지 않았다.

그러니 기술을 배우려는 당신에게 꼭 전하고 싶은 말이 있다. "거절을 두려워하지 마라. 거절은 기술을 배우는 과정의 일부다. 그것을 견딜 수 있어야 기술자로 살아갈 수 있다." 만약 이 말을 듣고도 "나는 할 수 있겠다."고 생각된다면, 당신은 기술직에 어울리는 사람이다. 그렇다면 나는 기꺼이 응원할 것이다. 당신의 길에 분명히 빛이 있을 테니까.

기술직 일자리 구하는
현실적인 방법

기술직에 입문하려는 사람들의 공통적인 질문은 "어떻게 시작해야 하나요?" "기술은 어디서 배울 수 있나요?"이다. 유튜브 열현남아 채널에서도 '입문 방법'과 관련된 댓글이 끊임없이 달린다.

기술직은 일반 사무직처럼 이력서를 내고 회사에서 채용하는 방식과는 다르게, 구직 과정 자체가 다소 독특한 구조를 가지고 있다. 기술직 일자리를 찾는 방법을 정확하게 알지 못하면, 오히려 기회를 놓치는 경우가 많다.

앞서 15쪽에서 언급한 A분야와 B분야로 나누어 이야기해 보자. A분야(목수, 도배, 타일, 필름, 페인트 등)는 주로 일당 체계로 운영되며, 조공(보조 인력)이 많이 필요하기에 사람을 뽑는 경우가 많다. B분야(청소, 에어컨 청소, 줄눈 시공 등)는 조공에 대한 포지션이 거의 없어서 창업 교육을 받고 일을 시작하는 경우가 많다. 다음에는 일자리를 구하는 방법에 대해 알아보자.

① SNS와 디지털 플랫폼의 활용

과거에는 기술직에 입문하려면 지인의 소개나 현장을 직접 방문하는 것이 가장 현실적인 방법이었다. 하지만 이제는 온라인 플랫폼과 SNS를 적극 활용하면 더 빠르고 효율적으로 기회를 찾을 수 있다.

네이버 밴드나 네이버 카페와 같은 온라인 커뮤니티를 활용하라. 이런 커뮤니티에는 업종별로 구인 글이 자주 올라온다. 이런 곳에서 원하는 업종을 검색해 직접 연락을 취하면 일을 배우며 시작할 기회를 얻을 수 있다.

대부분 현장직 기술직에는 젊은 세대보다는 나이가 많으신 분들이 종사하고 있는 경우가 많기 때문에, 네이버 밴드 및 카페를 많이 이용한다. 거기서 업종별로 검색(목수, 도배, 타일, 필름, 청소 등)해 보면 여러 밴드가 나온다. 거기서 구인 글을 보고 직접 연락을 드려서 선택을 받으면 일을 하면서 배워볼 수 있는 기회가 있다.

그리고 요즘은 SNS를 통해 기술직 입문이 활발히 이루어지고 있다. 많은 기술자들이 인스타그램을 사용해 작업 사진을 공유하고, 팀원을 모집하거나 자신의 작업을 홍보한다. SNS를 적극 활용해 일을 배우고 싶은 팀에 다이렉트 메시지(DM)를 보내는 것도 좋은 방법이다. 이때, 상대방에게 정중하고 성실한 태도를 보여 주는 것이 중요하다.

글로 소통하는 SNS의 특성상 요청 메시지 작성에 신경을 많이 써야 한다. 상대방을 존중하는 문장을 사용하고, 본인의 간절함과 열정을 표현해야 한다. 현장에서는 열정과 패기를 보이는 사람을 선호한다. 당신이 얼마나 이 일을 배우고 싶은지, 왜 이 일을 선택했는지를 진정성 있게 전달하면 상대방의 마음을 움직일 가능성이 높아진다.

일을 배우고 싶다는 의지만으로는 부족할 수 있다. 현장 기술자는 실질적으로 도움이 되는 인력을 원한다. 따라서 상대방에게 '내가 배우는 동안 어떤 가치를 제공할 수 있을지'를 고민하고 메시지에 담아야 한다. 단순히 요청하는 태도가 아닌, 협력하고 성장하고자 하는 의지를 보여 주는 것이 중요하다. 실제로 최근 젊은 친구들은 이런 SNS를 통해 는기술직에 입문해서 일을 하고 있다. 이처럼 어려우면서도 쉬운 것이 기술직 입문이라고 생각한다. 자격증이 필요한 것도 아니고, 어떠한 스펙을 보는 것도 아니다. 내 의지와 태도로 입문할 수 있기 때문에 조금만 더 긍정적이고 희망적으로 생각한다면 내 일자리를 찾을 수 있다고 생각한다. 이제 우리는 온라인 시대에 살고 있다. 이 온라인 세계를 통해 누군가와 소통하고, 내가 구직활동을 할 수 있다는 것은 참 신기하고 감사한 일이다. SNS를 똑똑하게 잘 활용해 보자.

② 학원을 통한 기술 배우기

기술직에 입문하는 또 다른 방법은 학원을 이용하는 것이다. 많은 사람이 기술을 배우려 할 때 어디서부터 시작해야 할지 막막함을 느낀다. 바로 현장에 투입되는 것이 부담스러울 수도 있고, 처음부터 어느 정도 기초를 익히고 시작하고 싶은 사람도 있을 것이다.

학원은 초보자에게 기술의 기초를 가르치고, 취업 및 창업의 발판을 제공한다. 사실 누군가는 "학원에서 배운 건 현장에서 아무 쓸모가 없다."며 학원 시스템을 부정하기도 한다. 기술직은 이론보다는 실무 경험이 중요한 직업이기 때문이다. 그렇기에 학원에서 배우는 것이 실제 현장에서 바로 적용되지 않는다는 의견도 많다. 하지만 이건 100% 정답이 없다. 누군가는 학원이 필요치 않고, 바로 현장에 투입돼서 초보자부터 시작하여 좋은 코스를 밟아 나가기도 한다. 반대로 학원을 통해 기본 교육을 받고, 거기서 연계해 주는 팀으로 취업하는 경우도 있다. 옳고 그름을 따지기보다는 지금 내 상황에 맞는 방법을 선택하면 된다.

국민내일배움카드와 같은 정부 지원 제도를 활용하면 학원비 부담을 줄일 수 있다. 고용노동부의 고용24 홈페이지에 가입한 후 국민내일배움카드를 발급받아 일부 자비로 기술 교육을 받을 수 있다. 경우에 따라 100% 지원을 받을 수도 있으니, 자신에게 적합한 지원 방식을 꼼꼼히 확인해야 한다.

학원을 통해 배운 기술이 현장에서 바로 적용되지 않을 수 있다는 점도 고려해야 한다. 기술직은 현장 경험이 가장 중요한 분야이기 때문이다. 학원에서 배운 내용을 기초로 현장에서 지속적으로 배우고 익히는 자세가 필요하다. 학원은 기술직의 기본기를 다지는 데 유용할 수 있지만, 그것이 끝이 아니라 시작일뿐임을 기억해야 한다.

초심자는 노력이 필요하다

기술직에 입문하는 과정은 단순하지 않다. 다른 어떤 직업과 마찬가지로 시간과 노력이 필요하다. 하지만 많은 사람은 입문 초기의 어려움을 이겨내지 못하고 포기하곤 한다. 몇 번의 시도 후 일이 잘 풀리지 않는다고 "역시 인맥 없이는 안 돼."라며 단념하는 경우가 많다. 그러나 기술직에서 살아남으려면 초기 적응 과정도 하나의 투자라고 생각해야 한다.

예를 들어, 대기업에 취업하려면 몇 년간 스펙을 쌓아야 하는 것처럼, 기술직도 입문 초기에는 시간과 인내가 필요하다. 운이 좋아 하루 만에 좋은 팀에 들어갈 수도 있지만, 그렇지 않더라도 끈기와 적극적인 태도로 기회를 만들어가야 한다. 기술직은 자격증이나 학력보다 의지와 태도가 중요한 분야다.

기술직은 전통적인 채용 시스템이 없는 대신, 기회를 스스로 찾아야 한다는 점이 특징이다. 이는 누군가에게는 단점이 될 수 있지만, 또 다른 사람에게는 장점이 될 수도 있다. 기술직은 정해진 루트가 없기 때문에 스스로의 능동적인 행동이 중요한 역할을 한다.

문이 닫혀 있다고 좌절하지 말고, 직접 문을 두드리고 열어 젖히는 태도를 가져야 한다. 학원, SNS, 온라인 커뮤니티 등 다양한 방법을 활용해 기회를 모색하고, 그 기회를 놓치지 않도록 준비된 자세를 갖추어야 한다. 결국 기술직에서 성공할 수 있는 열쇠는 당신 자신에게 달려 있다. 어떤 방식이든, 당신의 열정과 성실함이 결국 당신을 일터로 이끌 것이다.

기술직으로
빠르게 성장하는 법

15쪽에서 A분야 기술직(인테리어 기술직)과 B분야 기술직(홈 케어 기술직)을 나눴던 것을 기준으로, 각 분야에서 어떻게 하면 빠르게 성장할 수 있을지 이야기해 보자.

A분야 성장 방법

우선, 기술을 배우는 시간이 오래 걸리는 A분야의 경우, 사실 빠르게 성장하기는 현실적으로 조금 어려울 수 있다. 기술을 배우는 기간이 꽤 오래 걸리기 때문이다. 그렇기 때문에 '누구를 만나느냐'가 정말 중요하다. 내가 어떤 곳에 팀원으로 소속되었다면, 내가 열심히 하는 만큼 나를 정말 성장시킬 수 있는 팀인지, 그렇지 않은지를 객관적으로 판단하는 것이 중요하다.

기술직은 기본적으로 스승과 도제 관계가 강한 업종이다. 기술을 배우기 위해서는 반드시 '좋은 팀'을 만나야 한다. 좋은 팀에서 시작하면 성장 속도가 빠르고, 단기간에 기술력과 현장 경험을 쌓을 수 있다.

좋은 팀을 찾는 기준

- 기술을 제대로 가르쳐 주는가?
- 기공(숙련공)들이 후배를 성장시키는 분위기인가?
- 현장에서 다양하게 경험을 쌓을 수 있는 곳인가?
- 내가 열심히 하면, 그만큼 성장할 수 있는 환경인가?

| – 단순 잡일만 시키지 않고, 실제 기술을 배울 수 있는 곳인가?

이 질문들에 대한 답이 'YES'라면 그 팀은 당신을 빠르게 성장시켜 줄 가능성이 높다.

모든 사람이 처음부터 좋은 팀을 만나는 것은 아니다. 만약 내가 속한 팀이 잡일만 시키고, 제대로 가르쳐 주지 않는다면, 빨리 팀을 옮기는 것이 중요하다. 한 곳에서 너무 오래 머물며 비효율적인 시간을 보내는 것은 손해다. 어느 정도 사회 생활을 해 본 사람이라면, 지금 내가 몸담은 곳이 괜찮은지 아닌지를 직감적으로 잘 알 것이다. 눈치껏 빠르게, 팀을 옮겨야 할 때는 과감하게 움직여서 내 몸값을 올리는 것이 중요하다. 정말 운 좋게 좋은 팀장이나 귀인을 만난다면 더할 나위 없이 좋겠지만, 그렇지 않다면 이 야생에서 살아남기 위해 발 빠르게 움직이는 것도 중요하다. 좋은 사람과 함께할 때 빠르게 성장할 수 있다. 그렇게 된다면 내기술력도 빠르게 늘고, 일당도 자연스럽게 올라가며 내 몸값이 잘 책정될 것이다.

그러나 정말 좋은 팀인데, 나의 잘못된 판단으로 일을 그만둔다면 그것만큼 손해가 가는 일이 없기 때문에, 그 부분은 신중하게 판단하길 바란다. '사람은 끼리끼리 만난다'는 말이 있지 않은가? 내가 좋은 사람일 때 좋은 사람을 만날 수 있다. 남을 보기 전에 나를 먼저 돌아보고 진정성 있게 행동한다면, 좋은 팀을 빠르게 만날 수 있을 것이다.

B분야 성장 방법

이제 B분야(홈 케어 기술직)에 대해 이야기해 보겠다. B분야 기술직은 사실 빠르게 창업을 하는 케이스가 대부분이다.

아무리 기술을 잘 배워도 내가 일할 기회를 만들지 못하면 의미가 없다. 그래서 빠르게 시작했다가 빠르게 그만두는 사람들도 꽤 많이 볼 수 있다. 그렇다면 처음 시작할 때 일거리를 어떻게 확보해야 할까?

초반에는 내가 작업한 포트폴리오도 없고 아무도 나를 알아봐 주지 않기 때문에 정말 힘들다. 초반에는 무료로라도 작업을 해서 포트폴리오를 만들어야 한다. 실제로 나는 청소업을 창업했을 당시, 가장 먼저 작업을 한 곳이 실제로 살고 있는 우리 집이었다. 우리 집에 청소 장비들을 세팅해 놓고 내가 작업하는 사진들을 잘 찍어서 블로그에 글을 쓰고 홍보를 시작했다. 그 외에 에어컨 청소도 포트폴리오를 만들기 좋은 작업이다. 우리 집만 하면 한 곳이지만, 주변 지인의 집을 무료로 작업해 주고 그것을 포트폴리오로 삼으면 된다. 방충망도 마찬가지로, 제품 원가가 낮은 시공일 때는 이런 식으로 지인들에게 무료로 서비스를 제공하며 출발하는 것이 가장 현실적인 좋은 방법이다.

여기서 대부분 지친다. 돈을 받지 않고 일을 하는 게 얼마나 힘든 일인가? 그런데 대부분의 성공한 사람들은 이러한 피나는 배고픈 시절들을 다 겪은 사람들이다. 그렇기에 작업 하나하나를 소중하게 생각하고, 홍보 글도 정성스럽게 작성해 보자. B분야에서 가장 중요한 것은 내가 할 수 있다는 것을 증명하는 과정을 버텨 내는 것이다.

예를 들어, 식당을 오픈하면 비싼 투자금과 월세를 내고 가게를 차려야 한다. 내 가게를 잘 오픈해 놓으면 사람들이 지나가다가 들어오기도 하고, 오픈한 식당에는 관심도가 높아서 광고가 자연스럽게 되기 때문에 초반 오픈빨이 좋은 이유이기도 하다.

하지만 B분야는 그런 투자 비용이 적기 때문에 몸으로 투자해야 한다. 초반에 고객을 모으기 위한 '초기 홍보' 비용이라고 생각하면 된다.

인연을 소중히 여겨라

초반에 좋은 인연을 만드는 것이 가장 중요하다. 내가 기술을 배웠던 곳, 현장에서 만난 사람들, 같은 업종에서 일하는 사람들과의 관계가 중요하다. B분야는 초반에는 일이 없을 가능성이 크기 때문에, 나를 불러 줄 사람이 있다면 무조건 나가서 경험을 쌓아야 한다. 아르바이트비 정도만 받더라도 나를 불러 줄 사람이 있다면 적극적으로 움직이고 행동하는 것이 좋다. 그렇게 해서 현장 경험을 쌓기도 하고, 그 현장에서 작업 사진을 남길 수도 있다.

여기서 반드시 주의할 점이 있다. 내가 사장이 아니고 일당으로 가서 내 사업체의 홍보를 위해 동의 없이 사진을 촬영하거나 내 멋대로 행동하는 것은 최악의 행동이다. 사람은 나를 도와줄 사람을 좋아한다. 나를 그냥 이용하려고만 하는 사람은 싫어한다. 우선 내가 먼저 나를 불러 준 사람에게 좋은 모습을 보이고, 내가 어떤 가치를 줄 수 있을지 고민하면 된다. 가장 좋은 방법은 몸을 쓰는 것이다. 무거운 걸 들어 주고, 귀찮은 일을 대신 해 주자. 그렇게 해서 신뢰가 쌓이면 그분들도 나를 도와줄 것이다. 현장에서 작업 사진도 찍게 해 줄 것이고, 독립을 해서도 나를 서포트해 주는 좋은 관계로 남을 것이다.

이처럼 계속해서 강조하지만, 사람이 정말 중요하다. 좋은 사람을 만나는 것이야말로 가장 큰 행운이고, 그 좋은 사람은 내가 좋은 사람일 때 나타나는 것이다. A, B 어떤 분야든 큰 시행착오 없이 빠르게 성장하기를 진심으로 바란다. 한 사람, 한 사람에게 최선을 다한다면 빠르게 귀인이 나타날 것이다.

기술직 창업,
제대로 알고 도전하라

최근 블루칼라 직업과 현장 기술직에 대한 관심이 급격히 높아지고 있다. 과거에는 기술직을 단순히 육체노동으로만 여겼지만, 이제는 이를 가치 있는 직업으로 바라보는 사람들이 늘어나고 있다. 기술직에 대한 긍정적인 인식 변화는 매우 반가운 흐름이다. 이러한 변화는 기술직 종사자들에게 자부심을 심어 주며, 더 많은 사람이 기술직에 도전하게 만드는 긍정적인 효과를 가져왔다. 기술직이 사회적으로 인정받고, 사람들이 기술을 배우고자 하는 분위기는 기술자들의 자부심을 높이고 업계의 발전을 촉진한다.

창업 교육은 신중하게

이러한 변화 속에서 반드시 유념해야 할 점이 있다. 기술직에 대한 관심이 커짐에 따라 이를 가르치거나 창업 교육을 제공하는 교육 시장이 급격히 성장하고 있다는 점이다. 특히 단기 창업이 가능한 일부 기술직 분야에서는 과열된 교육 시장과 맞물려 문제가 발생하는 경우도 있다. 기술직 창업을 준비하는 사람들은 이 점들을 명확히 이해하고 접근해야 한다.

목공, 도배, 타일, 필름 등 숙련 과정이 필요한 A분야 기술직은 기술을 완전히 익히는 데 시간이 오래 걸린다. 이러한 업종은 체계적인 시스템과 단계적인 현장 경험이 필수적이다. 국비 학원과 같은 기관에서 기초를 배우고, 현장에서 조공으로 시작해 점차 성장하는 방식이 권장된다. 이러한 분야에서는 단기 교육만으로 기술자를 양성하기 어렵기 때문에, 과도한 교육 시장 형성의 문제는 상대적으로 덜하다.

반면, 청소, 줄눈, 집수리 등 단기 기술 습득이 가능한 B분야 기술직 업종에서는 창업 교육 시장이 빠르게 팽창하고 있다. 기술 습득 기간이 짧고 비교적 적은 초기 비용으로 창업이 가능하다는 점 때문인데, 그 과정에서 문제가 발생하기도 한다.

교육 시장에는 헌신적이고 정직한 교육자들이 있는가 하면, 이익만을 추구하는 비양심적인 교육자들도 공존하고 있다. 좋은 교육자는 기술뿐만 아니라 기술자가 갖춰야 할 정신적 태도와 문제 해결 능력까지 지도하며, 수강생들이 현장에서 성공적으로 자리잡을 수 있도록 돕는다. 반면, 이익만을 추구하는 교육자는 짧은 시간 안에 부실한 교육을 제공하고, 수강생들의 절박한 마음을 악용해 과도한 교육비를 요구하는 경우가 있다.

기술직 창업에서 가장 중요한 것은 신중함이다. 창업 교육비는 적은 금액이 아니며, 성공 가능성을 높이기 위해서는 충분한 경험과 계획이 필요하다. 많은 사람이 비싼 교육비를 지불하고 창업을 시작하지만, 준비 부족으로 몇 달도 채 지나지 않아 폐업하는 경우가 많다. 또한 유튜브나 SNS에서 "단기간에 큰돈을 벌 수 있다."는 창업 아이템 광고에 현혹되지 않도록 주의해야 한다. 창업을 단순히 돈벌이로만 접근한다면 실패할 확률이 높다. 업종을 선택하기 전에, 내가 평생 지속할 수 있는 직업인지, 그리고 그 기술이 시간이 지나도 가치를 유지할 수 있는지를 철저히 고민해야 한다.

예를 들어, 청소 창업을 준비하는 경우, 비싼 창업 교육을 받기보다는 관련 업계에서 1~2년간 직원으로 일하며 경험을 쌓는 것이 더 나은 방법이 될 수 있다. 이 기간 동안 기술뿐만 아니라 고객과의 소통법, 현장 관리법, 수익 구조 등을 익힐 수 있다. 이후 창업을 하면 성공 가능성을 크게 높일 수 있다.

건강한 생태계를 위한 노력

기술직 교육 시장이 건강하게 유지되기 위해서는 교육자와 창업생 모두가 신뢰와 책임을 바탕으로 함께 성장해야 한다.

교육자는 정직한 태도로 기술을 전수하고, 창업생은 현실적이고 장기적인 관점에서 기술을 배워야 한다. 지나치게 단기적인 목표만 추구하거나 적성을 고려하지 않고 시작한다면 결국 실패로 이어질 가능성이 크다. 기술직 창업은 시간과 노력이 필요한 장기적인 도전이라는 점을 명심해야 한다.

기술직 교육 시장이 단순한 기술 전수의 장을 넘어, 모두의 성공과 행복을 이루는 플랫폼으로 거듭나기 위해서는 지속 가능한 생태계가 필요하다. 교육자와 창업생이 서로 신뢰하고 협력하며 함께 성장하는 환경을 만들어 나가는 것이, 진정한 성공으로 가는 길이다.

기술만 잘 다룬다고 다가 아니다: 온라인 활용하기

기술직에서 가장 중요한 것은 당연히 기술력과 성실함이다. 열현남아 채널 슬로건인 "몸 좀 쓰면 어때?"처럼, 몸을 잘 쓰고 성실하게 일한다면 기술직에서도 충분히 높은 수익을 올릴 수 있으며, 내 기술을 바탕으로 떳떳하게 삶을 개척해 나갈 수 있다. 하지만 여기에 온라인 활용 능력이 더해진다면, 말 그대로 금상첨화이다.

기술직에 종사하는 많은 사람은 하루 종일 몸을 쓰느라 바쁘고 피곤하다. 그래서 대부분의 경우, 현장에서 열심히 일하는 것에만 집중하고, 그 이상의 마케팅이나 홍보 활동에는 신경을 쓰지 못한다.

그러나 온라인을 적극적으로 활용할 줄 아는 사람이라면, 같은 기술을 가지고도 더 빠르고 큰 변화를 만들어 낼 수 있다. 나 역시도 20대 젊은 나이로 기술직군에 입문하였으며,

온라인 홍보를 강력한 무기로 활용하여 빠르게 자리를 잡을 수 있었다. 특히 이 업계는 다른 직종에 비해 상대적으로 평균 연령대가 높은 편이다. 그렇기 때문에 젊은 기술자라면 이 점을 강점으로 삼아야 한다. 내가 가진 기술을 온라인을 통해 효과적으로 알릴 수 있다면, 그만큼 내 수익도 더욱 높아질 수 있다. 이제 기술직 종사자들이 온라인을 통해 어떻게 자신의 가치를 높이고, 더 많은 기회를 만들 수 있는지에 대해 온라인 홍보 방법을 몇 가지 소개하겠다.

① 네이버 블로그: 가장 기본이자 필수 플랫폼

네이버는 한국에서 가장 강력한 검색 플랫폼이다. 유튜브가 대세라지만, 소비자들이 도배·타일·청소·필름 시공 등의 업체를 찾을 때는 여전히 네이버 검색을 가장 많이 활용한다. 그렇기 때문에 온라인 홍보의 출발점으로 네이버 블로그를 반드시 운영해야 한다. 블로그 운영만 잘해도 꾸준한 문의와 주문을 확보할 수 있다.

블로그를 잘 운영하고 싶다면, 가장 먼저 많은 글을 읽고 연구하는 것부터 시작해야 한다. 단순히 의욕만 앞서고 공부하지 않으면 의미가 없다. 처음에는 글쓰기가 어려워 다른 글들을 많이 읽으며 하루하루 내 일과를 기록한다는 느낌으로 채워 나가야 한다. 그렇게 하면 365일 후에는 삶이 완전히 달라져 있을 수도 있다. 무엇이든 그렇듯, 꾸준함이 가장 중요하다. 특히 블로그는 꾸준하게 작성하는 것에 큰 점수를 주기 때문에, 하루하루 묵묵히 해 보는 것이 중요하다. 단언컨대 나는 블로그로 인생이 바뀐 케이스이다. 2014년, 블로그 하나를 제대로 운영해 보겠다고 결심했고, 그 덕분에 엄청난 나비효과를 경험했다. 내 기술과 서비스를 널리 알릴 수 있었고, 수익도 크게 늘었다. 게다가 매일매일 쓴 블로그는 글쓰기 실력 향상에 도움을 주었고, 이 경험이 유튜브 운영과 사업 확장에도 큰 도움이 되었다. 인생 전반에도 긍정적인 영향을 미쳤다.

혹시 지금 무엇을 해야 할지 모르겠다면, 1년 동안 하루에 한 개씩 블로그 글을 써 보라. 꾸준히 노력하면 분명 기대 이상의 성과를 얻을 수 있다. 디테일한 블로그 글쓰기와 핵심 노하우는 열현남아 유튜브에 무료로 공개된 영상(기술직으로 월 1,000만 원 버는 핵심 노하우)에서 확인할 수 있으니 참고하길 바란다.

② 유튜브: 가장 강력한 홍보 도구

우리는 지금 유튜브 시대에 살고 있다. 유튜브는 더 이상 단순한 동영상 플랫폼이 아니라, 하나의 거대한 미디어이다. 네이버 블로그가 텍스트 기반이라면, 유튜브는 내 기술을 가장 직관적으로 전달할 수 있는 영상 기반 플랫폼이다. 특히 시공 과정이나 결과물을 직접 보여 줄 수 있어 소비자에게 신뢰감을 줄 수 있다. 하지만 유튜브 운영은 블로그보다 훨씬 어려운 점이 있다. 글을 쓰는 것은 30분에서 1시간이면 되지만, 영상을 촬영하고 편집하는 과정은 몇 배의 시간과 노력이 필요하다. 그러나 잘 만든 영상 하나가 엄청난 홍보 효과를 가져올 수 있다.

나 또한 열현남아 채널뿐만 아니라, 청소 사업을 홍보하기 위해 '청소고수'라는 유튜브 채널을 운영하고 있다. 채널에 올린 입주 청소 영상은 50만 회 이상 조회되었으며, 큰 홍보 효과를 거두었다. 제대로 제작된 유튜브 콘텐츠는 업체의 이미지 제고뿐만 아니라 직접적인 매출 증가로도 이어질 수 있다.

다만 유튜브는 하이 리스크 하이 리턴(High Risk, High Return)이라고 생각한다. 영상을 제작하는 데 시간이 많이 들고, 당장의 수익으로 직결되지 않을 수도 있다. 따라서 지금

당장 내가 투자할 수 있는 시간이 적고, 빠르게 현금을 벌어야 하는 상황이라면 유튜브보다는 시간 대비 높은 효율을 올릴 수 있는 블로그부터 시작하는 것이 좋다. 하지만 어느 정도 내 사업에 기반이 잡혔다면, 유튜브는 강력한 홍보 수단이 될 수 있다. 영상 편집을 하는 방법이나 관련 내용들은 유튜브에 무료로 충분히 많이 올라와 있다. 나 역시도 유튜브를 돈을 주고 배운 것이 아니라, 전부 무료 강의를 통해 독학으로 배웠기 때문에, 의지만 있으면 도전할 수 있는 분야라고 생각한다.

③ 인스타그램: 온라인 명함이자 브랜드 이미지 구축

이제 인스타그램은 단순한 SNS가 아니라, 본인을 나타내는 온라인 명함 역할을 한다. 기술자들도 본인의 작업물과 개성을 사진이나 릴스(짧은 영상)로 표현하며 홍보 효과를 보고 있다. 다만, 인스타그램은 블로그나 유튜브처럼 소비자가 직접 검색해서 업체를 찾는 구조는 아니다. 오히려 이미 알고 있는 지인들과의 소통에 강한 플랫폼이다.

그럼에도 불구하고 인스타그램을 함께 운영하면 분명한 장점이 있다. 예를 들어, 네이버 블로그를 보고 들어온 소비자가 인스타그램을 통해 업체의 분위기나 감각을 확인하고 신뢰를 가지는 경우가 많다. 또한 인스타그램은 운영이 쉽고 부담이 적다. 블로그 글을 쓰는 데는 30분 이상 걸리지만, 인스타그램에 사진과 간단한 글을 올리는 데는 3분도 채 걸리지 않는다. 그렇기 때문에 가볍게 운영하면서 브랜드 이미지를 쌓기에 좋다. 그리고 최근에는 인스타그램 내에서 릴스가 엄청난 조회수를 기록하고 있다. 기존의 딱딱한 형태의 틀을 벗어나, 센스 있는 음향과 편집을 섞어 소비자들의 관심을 끄는 경우도 많다. 이 또한 공부를 통해 도전한다면 내 사업체의 홍보 효과를 톡톡히 누릴 수 있다.

끝없는 공부만이 정답이다

우리는 디지털 시대에 살고 있다. 기술력만 뛰어나다고 모든 것이 해결되던 시대는 끝났다. 이제는 기술과 온라인 마케팅이 결합해야 더 큰 기회를 만들 수 있다. 지금까지 대표적인 3가지 온라인 홍보 플랫폼을 소개했지만, 시대가 변화하면서 다양한 새로운 채널들이 계속 등장하고 있다. 중요한 것은 내 상황에 맞게 적절한 플랫폼을 선택하고 활용하는 것이다. 온라인 홍보에는 정답이 없다. 어떤 전략이 내게 맞을지는 직접 부딪혀 보고 경험해야 한다. 다만, 하나 확실한 정답이 있다면, 그것은 끊임없이 배우고 노력하는 것이다.

나는 20대에 방충망 기술자로 활동할 때부터 낮에는 현장에서 일을 하고 밤에는 컴퓨터 앞에서 온라인 마케팅을 공부했다. 그 결과 지금은 유튜브 열현남아 채널을 운영하고, 청소 사업 또한 강력한 온라인 마케팅 기술을 활용하여 운영하고 있다. 여전히 나는 온라인 마케팅 공부를 멈추지 않고 있다. 그 결과, 온라인을 강력한 무기로 활용할 수 있게 되었으며, 어떤 환경에서도 살아남을 온라인 마케팅 실력을 가지게 되었다.

온라인 마케팅은 단순히 멋진 사진과 영상을 올리는 것이 아니다. 하나의 학문이며, 제대로 공부해야만 효과를 볼 수 있다. 그리고 그 과정은 즐겁지 않아야 한다. 고통스러워야 한다. 컴퓨터 앞에 앉아 엉덩이가 쑤시고 머리가 아플 정도로 고민하고 연구해야 한다. 그래야만 진짜 나만의 경쟁력을 가질 수 있다. 나는 앞으로도 계속 공부할 것이다. 여러분도 오늘부터 온라인을 활용하는 법을 고민하고 실천해보길 바란다.

성공의 핵심은
영업력과 태도

나는 공부를 잘하지 못했다. 그래서 늘 고민했다. 공부를 못한 사람이 진짜 성공하려면 무엇이 필요할까? 성공에는 여러 요소가 필요하다. 피나는 노력도 필요하고, 운도 따라 줘야 한다. 하지만 수많은 요소 중 단 하나를 꼽자면, 나는 '사람을 설득하는 능력', 즉 '영업력'이라고 말하고 싶다. 많은 사람이 '영업'이라고 하면 자동차 영업, 보험 영업, 휴대폰 판매 같은 특정 직업을 떠올린다. 하지만 그것은 너무 좁은 시각이다. 영업은 훨씬 더 광범위하다. 예를 들어, 식당에서 음식을 파는 것도 영업이고, 미용실에서 미용사가 고객을 응대하며 단골을 만드는 것도 영업이다. 사람을 설득하고 신뢰를 얻어 원하는 행동을 끌어내는 모든 행위가 영업이다.

결국, 사람을 설득하고 신뢰를 얻어 원하는 행동을 끌어내는 능력이야말로, 직업의 종류와 관계없이 성공을 결정짓는 가장 중요한 요소다.

나는 20대에 방충망 기술자로 일했다. 언뜻 보면 이 직업에서 가장 중요한 것은 기술력일 것 같지만, 실제로 돈을 많이 버는 사람은 설치를 잘하는 사람이 아니라, 영업을 잘하는 사람이었다. 높은 수익을 올리려면 많은 판매를 해야 하고, 그러기 위해서는 반드시 영업력이 필요했다. 하지만 나는 원래 사람들 앞에서 말하는 걸 좋아하는 성격도 아니었고, 오히려 소심하고 내성적이었다. 처음에는 누군가에게 다가가서 제품을 소개하고 설득하는 것이 굉장히 어색하고 부끄러웠다. 하지만 먹고살려면 해야 했다. 그래서 나는 영업을 잘하기 위해 끊임없이 연구하고 분석하며 노력했다.

그러던 어느 날, 고객이 내 말을 진지하게 들어주고, 기분 좋게 제품을 구매하는 순간을 경험했다. 그때 깨달았다. "스펙이 없고 가진 것이 없다면, 공부를 할 게 아니라 사람을 상대하는 능력을 길러야 하는구나." 실제로 경험하기 전까지는 깨닫기 어려운 인생의 진리였다.

이게 큰 능력이 아니라고 생각할 수 있다. 요즘에 다양한 방법으로 돈을 버는 사람들도 많고, 투자로도 돈을 버는 사람들도 많기 때문이다. 하지만 나는 '사람을 설득하는 능력'이야말로 현대 사회에서 가장 중요하면서도 저평가된 능력치 중 하나라고 생각한다. 우리는 원초적으로 사람과 사람끼리 만나기 때문에, 사람에게 호감을 살 수 있다면 무슨 일을 하든 간에 일단 밥은 먹고살 수 있다고 생각한다.

영업력과 태도의 중요성을 쉽게 이해할 수 있는 예를 들어 보겠다. 미용실에서 일하는 알바생을 예시로 들어 설명하겠다.

나는 원래 사람들을 관찰하고 분석하는 것을 좋아한다. 미용실에 머리를 자르러 갈 때도 마찬가지였다. 그곳에서 머리를 감겨 주는 사람들을 유심히 살펴봤다. 가령, A라는 친구와 B라는 친구가 있다고 해 보자.

- A는 주어진 일만 하는 스타일이다. 표정 변화도 거의 없고, 고객을 대하는 태도가 수동적이다.
- B는 손님과 적극적으로 소통하려 하고, 고객에게 호감을 사기 위해 노력한다. 단순히 머리를 감겨 주는 것뿐만 아니라, 손님이 더 만족할 수 있도록 세심하게 신경 쓴다.

이 두 친구가 미용 기술을 익히고 필드에 나왔을 때, B가 A보다 2~3배 더 많은 고객을 모을 가능성이 높다. 미용 기술 자체도 중요하다. 하지만 어느 정도 실력이 갖춰졌다면, 결국 태도가 더 좋은 사람이 더 많은 기회를 얻고, 돈도 더 많이 벌게 된다.

내 경우도 마찬가지였다. 방충망 설치를 남들보다 더 잘해서 돈을 많이 번 것이 아니었다. 고객에게 신뢰를 주고, 어떻게 하면 더 좋은 인상을 남길 수 있을지 끊임없이 고민하고 분석했다. 사람을 상대하는 능력이 늘어나면서 수입도 같이 증가하기 시작했다.

그렇다면 구체적으로 어떤 점을 신경 써야 할까?

① 첫인상: 용모와 태도
 - 깔끔한 옷차림과 단정한 용모는 기본이다.
 - 건강한 신체와 밝은 에너지가 호감을 만든다.

② 고객과의 대화: 공감과 칭찬
 - 고객을 만났을 때, 먼저 상대를 칭찬하거나 공감을 표현한다.
 - 예를 들어, 박람회에서 아이와 함께 온 고객이 있다면, "아이가 너무 예쁘네요! 몇 살이에요?" "성격이 정말 밝고 사교성이 좋네요!" 같은 말을 건넬 수 있다.
 - 고객의 집이 크다면 "와, 정말 부럽습니다! 저도 언젠가 이런 집에서 살고 싶어요."

- 반대로 작은 평수라면 "요즘은 실속 있는 중간 평수가 더 인기가 많죠. 저도 그래서 적당한 크기의 집에 사는데, 만족해요."
- 상황에 맞게 칭찬과 공감을 적절히 섞으면, 고객이 나에게 호감을 가지게 된다.

③ 신뢰 쌓기: 전문성과 솔직함
- 고객이 제품이나 서비스에 대해 질문할 때, 전문적으로 설명하되, 과장 없이 솔직하게 말해야 한다.
- 내가 다룰 수 있는 범위와 한계를 명확히 설명하면, 오히려 신뢰가 더 커진다.

어떤 일이든 결국 내 기술을 누군가에게 판매해야 한다. 이때, 사람을 설득할 수 있는 능력이 있다면, 무슨 일을 하든 성공할 가능성이 높아진다. 이 능력은 기술직뿐만 아니라 모든 직업에서 필수적인 요소이다. 사업을 하든, 취업을 하든, 프리랜서로 활동하든, 결국 내 가치를 상대방에게 납득시켜야 한다.

특히, 학벌이나 스펙이 부족한 사람이라면, 펜을 굴리며 공부할 것이 아니라, 사람을 상대하는 방법을 먼저 배워야 한다. 그래서 나는 말하고 싶다. "스펙이 없어도, 사람을 설득하는 능력만 있으면 충분히 성공할 수 있다." 지금 살길이 막막한가? 그렇다면, 사람을 설득하는 방법에 대해 깊이 고민해 보라. 그것이야말로 가장 현실적인 성공의 길이다.

경기 탓할 거면
시작도 하지 마라

열현남아 채널을 운영하다 보면 수많은 사람의 반응을 접한다. 응원의 댓글도 많지만, 그 중에는 꼭 이런 댓글들이 있다. "요즘 경기가 안 좋아서 기술을 배워도 소용없다." "인테리어 업계도 불황이라 돈 벌기 어렵다."

맞는 말이다. 경기가 안 좋을 때면 당연히 힘든 게 맞다. 나는 반대로 물어보고 싶다. "그럼 어떻게 할 건데?" 지금 경기가 좋은 업종이 있을까? 지금 세상에 쉬운 일이 단 하나라도 있을까? 나는 개인적으로 일하면서 "경기가 안 좋아서 요즘 너무 힘들다."라는 말을 입 밖으로 꺼낸 적이 없다.

경기 탓을 하는 순간 자신이 무능력하다고 인정하는 꼴이 되기 때문이다.

늘 경기 탓을 하며 불평불만인 사람들은 한 걸음도 앞으로 나아가지 못한다. 물론 경기가 어려울 때가 있는 건 사실이다. 하지만 그런 논리라면 세상이 언제 우리한테 "이제 살기 쉬워졌으니 열심히 해 봐."라고 해 준 적이 있었나? 없다. 요식업은 요식업대로 힘들고, 취준생들은 취업의 문이 좁아서 힘들고, 현재 대한민국에서 어느 누구 하나 내가 생각한 대로 인생이 쉽게 풀려서 사는 사람은 없다.

현재 기술직을 고민하고 있는데, 경기가 안 좋아서 이 일이 두려운 분들께 이야기하고 싶다. 사람들이 사는 한, 집은 존재한다. 때문에 인테리어와 보수 작업은 필수다. 벽지는 낡고, 타일은 깨지고, 문짝은 고장 나고, 더러운 곳의 청소는 필요하다. 이런 일을 할 사람이 필요 없는 순간은 절대 오지 않는다. 그리고 정말 현실적으로 현장 기술직은 고정 지출이 적기 때문에, 불경기에도 그나마 다른 업종에 비해서 버틸 수 있는 업종이라고 생각한다.

한 가지 더 생각해 보자. 지금 만약에 경기가 다시 좋아진다면? 그때는 이 직업이 또 매력적으로 보일까? 그리고 또 몇 년 후, 경기가 어려워진다면? 그때는 다시 "이 직업 별로

다."라고 할 건가? 끝없는 핑계의 굴레다. 경기 탓만 하면서 아무것도 하지 않는 사람들은 경기가 좋을 때도, 나쁠 때도 결국 불만만 갖고 살아간다. 반대로 살아남는 사람들은 다르다. 경기가 어렵다고 해도 할 수 있는 일을 찾고, 문제점을 해결해 나가면서 결국 스스로 기회를 만든다. 진짜 답은, 내가 살아남을 방법을 찾는 것뿐이다. 나는 항상 이렇게 이야기한다. "세상을 바꾸려고 하지 마라. 내가 바뀌는 게 가장 빠르다."

경기가 어렵다고 불평해 봤자, 세상은 변하지 않는다. 정부가 날 도와줄까? 주변 사람들이 해결해 줄까? 아무도 해결해 주지 않는다. 진짜 답은, 내가 살아남을 수 있는 방법을 찾는 것뿐이다. 안 좋은 경기에도 정말 살아남을 수 있는 노력과 열정을 통해서 이 세상에서 살아남는다면, 이 세상은 천국으로 보일 것이다. 다시 한번 명심하라. 내가 바뀌는 게 가장 빠르게 세상을 바꾸는 일이다.

이 책을 읽고 있는 사람들 중에는 이미 현장에서 기술직 일을 하고 있는 사람도 있을 거고, 처음 기술직을 고민하는 사람도 있을 것이다. 이왕 몸 써서 일하려고 마음먹었으면, 단단하게 먹어라. 경기 따위 핑계로 주저앉지 말고, 어차피 할 거면 정말 제대로 하기를 바란다.

경기 탓만 하면서 주저앉는 사람과, 그 속에서 살아남을 방법을 찾는 사람. 이 둘의 인생은 몇 년 후 완전히 달라져 있을 것이다. 애초에 경기 탓을 하는 성향의 사람이라면 기술직에 도전하지 않는 것이 좋다고 생각한다. 그냥 안정적인 직장에 들어가서 인생을 살아가는 게 맞을 것이다.

나는 진심으로 기술직의 길을 가려는 사람들을 응원한다. 우리 같이 정신 차리고 움직여 보자. 그럼 길은 반드시 보일 것이다.

기술직을 노가다로 봐주면
돈 벌기 더 좋은 이유

열현남아 유튜브를 한 지 4년이 되었다. 이 채널을 통해 기술직의 진정한 가치를 알리고, '노가다'라는 부정적인 인식을 바꾸기 위해 꾸준히 노력해 왔다. 그리고 이 책에서도 기술직의 매력과 긍정적인 가치를 널리 전파하고자 한다. 지금까지 해 온 활동 덕분에 기술직에 대한 인식이 조금씩 변화하고 있다고 느낀다. 하지만 깊게 뿌리박힌 사회적 인식과 문화는 쉽게 바뀌지 않을 것이다. 여전히 많은 사람은 기술직을 노가다라고 생각할 것이고, 단순하고 고된 육체노동으로만 여길 것이다. 그럼에도 나는 너무 실망하지 말자고 말하고 싶다. 오히려 긍정적으로 생각할 부분이 많기 때문이다.

기술직에 대한 인식이 긍정적으로 바뀌면 어떻게 될까? 직업의 가치가 높아지고, 자부심도 커질 것이다. 이는 매우 바람직한 변화다. 사회적으로 인식이 변화하면, 기술직 종사자들의 위상이 올라가고 바람을 느끼며 일할 수 있을 것이다.

하지만 반대로 기술직이 여전히 '노가다'로 불리며 부정적인 인식 속에 머문다면 어떨까? 사실 그것 또한 나쁘지 않다. 왜냐하면 '노가다'라고 불리며 힘들고 멋없어 보이는 직업이라고 인식될수록 능력 있는 경쟁자들의 유입이 적기 때문이다. 쉽게 말해 경쟁자가 적어진다는 것이다. 그리고 이 사실은 곧 기회를 의미한다. 똑똑하고 능력 있는 사람들이 이런 직군에 많이 뛰어들지 않는다면, 그만큼 내 자리와 기회가 넓어진다. 경쟁이 치열하지 않으니 내가 돋보이기도 쉽고, 성공할 가능성도 훨씬 커진다.

나는 유튜브를 시작하기 전부터 방충망 기술자로 일하면

서 나름 괜찮은 수입을 올렸다. 그리고 청소 사업도 꽤 성공적으로 운영했다. 하지만 참 신기한 일이 있었다. 주변 지인들 중에서 이 직업에 관심을 갖는 사람이 거의 없었다.

유튜브를 시작하고 나서도 마찬가지였다. 나는 영상을 통해 이 직업의 현실적인 메리트와 비전에 대해 꾸준히 이야기했다. 몸을 쓰는 일이지만, 일한 만큼 정직하게 돈을 벌수 있고, 열심히 하면 충분히 성공할 수 있다는 메시지를 전했다. 하지만 주변의 반응은 크게 달라지지 않았다. 몇 년동안 수많은 영상을 올렸지만, 나에게 이 직업에 대해 물어본 사람은 고작 1~2명이었다. 그중에서도 실제로 뛰어든 사람은 거의 없었다. 그들은 여전히 '노가다'라는 인식에 갇혀있었고, 몸 쓰는 일에 매력을 느끼지 못했다.

나는 절대 기술직을 선택하지 않는다고 해서 그게 잘못된 선택이라고 말하고 싶은 게 아니다. 하지만 본인의 상황이 어렵거나, 직업적으로 고민이 많더라도 대부분의 사람들은 여전히 몸 쓰는 일을 선호하지 않는다는 걸 이야기해 주고 싶다. 나는 이 사실이 오히려 희망적이라고 생각한다.

물론 과거에 비해 젊은 층의 유입이 늘고, 경쟁도 다소 심해진 부분은 있다. 유튜브와 같은 미디어 덕분에 기술직의 현실과 장점이 더 널리 알려지면서, 젊은 사람들이 기술직을 진지하게 고려하기 시작한 것이다. 그럼에도 불구하고 여전히 다른 직종에 비해서는 경쟁이 덜하고, 기회는 많다. 특히 여전히 많은 이가 직접 몸을 쓰며 일하는 직종을 꺼리고 있다. 이 점이 기술직의 가장 큰 기회라고 생각한다. 이 사실을 알게 된 당신이 지금 바로 움직인다면, 분명 성공의 기회를 잡을 수 있을 것이다. 남들이 가지 않기에 기회가 많고, 경쟁이 덜한 분야, 그것이 바로 현장 기술직이다.

'노가다'라는 인식 속에서도 가능성을 발견한 사람만이 그 기회를 잡을 수 있다. 사람들은 여전히 기술직을 '노가다'라고 부른다. 나는 이 말을 들을 때마다 오히려 웃음이 난다.

"그래, 계속 그렇게 불러 줘라. 그래야 내가 더 쉽게 돈 벌고, 성공할 수 있으니까. 남들이 원하지 않는 길에, 큰 기회가 있다."

스물네 살, 드릴을 손에 쥐고 낡은 포터를 타고 현장을 누비던 그때가 아직도 생생하다. 온몸이 땀으로 젖은 채 작업을 마치고 나면, 문득 이런 생각이 들었다. "이 길이 정말 맞는 걸까?"

하지만 묵묵히 버티고, 하나씩 익히고, 때론 쓰러질 듯 일어섰다. 남들이 가지 않는 길이라 불안했지만, 오히려 그 불안이 나를 더 움직이게 했고, 결국 그 속에서 기회를 발견했다. 그 모든 시간이 쌓여 지금의 나를 만들었고, '열현남아'라는 채널로 이어졌다. 나는 그 안에서 수많은 사람의 이야기를 들으며 다시 한번 깨달았다. 몸을 쓰는 일이 얼마나 많은 사람의 삶을 바꿀 수 있는지.

그래서 이 책을 썼다. 몸을 쓰는 일이 인생을 바꿀 수 있다는 것, 그걸 말하고 싶었다.

"몸 좀 쓰면 어때?"

이 질문은 단순히 육체노동의 가치를 묻는 게 아니다. 이것은 삶을 대하는 우리의 태도, 그리고 우리가 손과 발로 만들어 가는 세상에 대한 이야기다. 이 책을 쓰면서 나는 다시 한번 깨달았다. 현장에서 만난 사람들의 땀방울과 그들이 일궈 낸 결과물들이 얼마나 소중한지, 그리고 그것이 우리 사회를 어떻게 지탱하고 있는지를.

현장 기술직은 단순한 노동이 아니다. 그것은 창조이며, 삶의 터전이고, 열정이 깃든 예술이다. 손으로 만들어 낸 결과물은 삶에 직접적인 변화를 만든다. 때로는 힘들고 지치기도 하지만, 자신의 손으로 무언가를 완성했을 때 느끼는 성취감은 돈이나 명예로 대체 할 수 없는 순수한 기쁨이다.

우리는 종종 책상에 앉아 머리로만 일하는 것이 더 가치 있다고 여기는 사회적 편견 속에서 살아간다. 하지만 현장에서 손과 몸으로 일하는 사람들의 이야기를 듣다 보면, 세상을 움직이는 원동력은 결코 한쪽에만 있지 않다는 사실을 깨닫게 된다. 사람과 공간을 연결하고, 새로운 가치를 창조하며, 더 나은 삶을 만들어 가는 기술자의 열정은 어떤 화려한 타이틀보다 더 빛난다.

이제 이 책을 마무리하며, 독자들에게 이 한 가지를 전하고 싶다.

"어떤 일이든, 어떤 환경에서든 자신의 손으로 직접 만들어 가는 삶은 아름답다."

몸을 쓰는 일이 거칠고 힘들어 보일 수도 있다. 하지만 그 길을 묵묵히 걸어가는 사람들만이 느낄 수 있는 강한 성취감이 그 안에 숨겨져 있다. 나는 이 책을 통해 기술직이라는 길을 선택한 모든 이들에게 존경과 응원을 보낸다. 그리고 아직 자신의 길을 찾지 못한 누군가에게 이 책이 작은 용기와 영감이 되기를 바란다.

결국, 우리가 살아가는 이 세상은 손과 발, 그리고 열정이 만들어 낸 작은 기적들의 연속이다.

그러니, 몸 좀 쓰면 어때?

몸 좀 쓰면 어때

초판 1쇄 발행 2025년 4월 2일

지은이   이창현
펴낸이   박영미
펴낸곳   포르체

책임편집   김찬미
마케팅   정은주 민재영
디자인   황규성

출판신고   2020년 7월 20일 제2020-000103호
전화   02-6083-0128
팩스   02-6008-0126
이메일   porchetogo@gmail.com
인스타그램   porche_book

여러분의 소중한 원고를 보내주세요.
porchetogo@gmail.com

이 책의 본문은 '을유1945' 서체를 사용했습니다.